과학 블로그

세상의 시작, 우주의 탄생과 거인의 등장

초판 1쇄 인쇄 | 2015년 3월 25일
초판 1쇄 발행 | 2015년 4월 1일

지은이 | 과학노리
펴낸이 | 박정태
펴낸곳 | 사이언스주니어

주　소 | 413-120 파주시 파주출판문화도시 광인사길 161 광문각빌딩
전　화 | (031) 955-8787
팩　스 | (031) 955-3730
등록번호 | 제406-2014-000118호
HOME | www.kwangmoonkag.co.kr
Email | kwangmk7@hanmail.net
블로그 | http://blog.daum.net/g90605/
　　　　　http://blog.naver.com/g90605
ⓒ 2015, 과학노리

ISBN 979-11-954185-9-6 (set)
　　　 979-11-954185-0-3 (74400)

값은 뒷면에 표기되어 있습니다.
저자와의 협의하에 인지는 붙이지 않습니다.
잘못된 책은 구입하신 서점에서 바꾸어 드립니다.

상위 1%로 가는 비밀 수업

과학 블로그

세상의 시작, 우주의 탄생과 거인의 등장

과학노리 글 · 카툰플러스 그림 · 전국초등과학교사연구모임, 이태형 감수

1

사이언스주니어

이 책을 읽기 전에

우리가 배우고 있는 과학은 언제부터 시작되었을까요? 백 년 전이나 천 년 전? 아니면 더 오래전 옛날부터?

사실 아주 오래전 인류가 인간이란 이름을 갖던 시절부터 과학은 시작되었습니다. 처음엔 자연의 공포에서 벗어나기 위해 시작되었고, 그것을 토대로 좀 더 편하고 쉬운 도구나 생활에 필요한 것들을 충족시키기 위해 발전시켰습니다.

이렇게나 오랜 세월을 쌓아온 과학은 처음부터 지금처럼 독립적으로 공부해야 하는 하나의 학문으로 시작된 것이 아닙니다. 처음 원시인들은 추위를 피하기 위해 불을 지피는 법을 발견하였고, 그것이 발단이 되어 도시가 만들어졌으며, 도시의 사람들을 위한 물건들을 만들거나 건축물을 세우기 위해 여러 분야로 발달해 갔습니다.

그래서 과학은 인간이 거인으로 성장하는 역사를 보여주는 가장 중요한 것들입니다. 우리 인간의 역사가 발전하는 모습도 과학의 발전에서 찾아볼 수 있습니다.

처음 통나무를 굴려 커다란 돌을 운반하던 사람들이 바퀴를 발견하였고, 그 바퀴는 수레가 되어 물건을 운송하는 데 있어 큰 변화를 가져왔으며, 현대에는 결코 없어서는 안 될 것이 되었습니다.

우연히 누군가가 동굴 속으로 가져왔던 최초의 불도 인간의 삶을 완전히 바꿔 놓았습니다. 먹는 것에서부터 집에 이르기까지 구조를 바꿔 놓았으며, 이전까지는 추워서 갈 수 없던 땅에까지 인간의 자취를 남기게 되었습니다.

비록 출발은 작은 것이었지만 그 출발들이 없었다면 역사의 발전도 더뎠을 것이고, 아마 현대 문명의 혜택도 누리지 못했을 것입니다. 그리고 그 출발로부터 지금까지의 역사를 살펴보면 우리 인간의 미래의 모습도 상상해 볼 수 있습니다. 아직은 상상 속에서만 존재하는 기술들도 어쩌면 가까운 미래에 실현될지도 모르고 반대로 이러한 발전이 끔찍한 미래를 가져올 수도 있겠지요. 하지만 우리가 지금까지 걸어온 자취를 더듬다 보면 어떤 미래를 꿈꿔야 하고, 그 미래를 이루기 위해 어떤 노력을 해야 하는지도 알 수 있을 것입니다.

미래는 과거를 잘 이해하고 답습하며 현재 최선을 다하는 사람들에게는 꿈이 아닌 현실이 될 수 있습니다. 따라서 이 책은 미래의 소중한 꿈을 가진 어린이들이 자신의 꿈을 이루기 위해 어떤 노력을 하고 어떤 과정을 통해 현실로 만들어낼지를 알게 해주는 소중한 징검다리가 될 것입니다.

고산 (수학·과학 전문출판 기획인)

 감수의 글

우리의 꿈은 위대한 발전을 이룰 수 있게 하는 출발점입니다

여러분의 부모님들은 여러분의 나이 때 '푸른 하늘 은하수', '반짝반짝 작은 별'과 같은 동요를 부르며 우주를 꿈꾸었습니다. 그 동요 속의 우주는 이제 과학의 발달로 현실이 되었습니다. 과학은 여러분의 부모님들에게 꿈을 현실로 선물했습니다. 그리고 그 과학이 만들어 준 새로운 미래에 대한 희망이 여러분을 기다리고 있습니다.

앞으로의 미래를 아름답게 만드는 것은 여러분이 어떤 꿈을 꾸는가에 달려 있습니다. 작고 소박한 꿈부터 우주에 대한 원대한 꿈까지 하나하나의 꿈은 미래를 가꾸어 나가는 큰 힘이 됩니다.

고대 그리스의 철학자들은 '세상이 물로 만들어져 있다', 혹은 '불', '숫자', '흙'으로 만들어져 있을 것이라는 상상을 했습니다. 하지만 그러한 상상이 있었기에 원자의 구조를 밝히게 되었고, 오늘날 우리에게 소중한 에너지를 만들어 주고 있습니다. 우리의 생활에 편리함을 주는 많은 발명품도 그 시작은 작은 꿈에서 시작되었습니다. 그 꿈들을 이루기 위해 새로운 발견들이 나오게 되었고, 그 발견들은 또 다른 과학 혁명들을 불러왔습니다.

이렇게 우리의 꿈은 위대한 발전을 이룰 수 있게 하는 출발점입니다.

이제 여러분들이 부모님들의 뒤를 이어 그 출발점에 서 있습니다. 아름다운 미래를 꿈꾸고 여러분의 부모님이 그랬던 것처럼 그 꿈을 소중히 간직하세요. 그러면 그 꿈은 어린이 여러분을 희망으로 가득한 세상으로 인도할 것입니다.

《과학블로그》는 어린이 여러분에게 아름다운 꿈을 꾸도록 도와줄 것입니다. 이 책에 등장하는 여러분의 부모님의 부모님, 그리고 아주 오래 전의 옛사람들이 꾸었던 꿈이 현실이 된 것처럼 이 책을 통해 여러분의 미래를 설계해 보세요.

대표 감수자 이태형

 차례

1부 우주와 지구의 탄생 12

첫 번째 수업 대폭발 '빅뱅' 14
클릭클릭 지식 마우스   우주의 대폭발

두 번째 수업 태양의 탄생 22
클릭클릭 지식 마우스   태양계가 평평한 이유?

세 번째 수업 지구와 달의 탄생 28
클릭클릭 지식 마우스   하늘은 왜 파랄까? | 달로 떠나는 여행

네 번째 수업 생명의 조건 38
클릭클릭 지식 마우스   생명의 자연발생설

다섯 번째 수업 생물체들의 등장 46
클릭클릭 지식 마우스   해저 지형 | 화산의 형성 | 화산섬 | 화산의 종류 | 광합성 작용

2부 살아 있는 지구 56

첫 번째 수업 지구 속 여행 58
클릭클릭 지식 마우스   지구 중심을 지나는 구멍에 빠진다면? | 지진파

두 번째 수업 대륙의 이동 66
클릭클릭 지식 마우스   대륙이동설 | 대류 | 히말라야 산맥의 형성 | 대륙을 이동시킨 맨틀

세 번째 수업 바다 밑이 움직인다? 76
클릭클릭 지식 마우스   해저 탐사는 어떻게? | 잠수함의 원리 | 쓰나미는 왜?

네 번째 수업 지구는 거대한 자석 84
클릭클릭 지식 마우스   화성의 자기장 | 지구의 자기장이 멈춘다면? | 지구의 내비게이션 나침반 | 동물의 이동과 자기장

다섯 번째 수업 지구에 생명을 준 대기 94
클릭클릭 지식 마우스   지구의 대기권 | 공기의 힘 | 공기로 하늘을 날다

3부 지구의 지배자 파충류 106

첫 번째 수업 지질시대의 시작 108
클릭클릭 지식 마우스   화석 연료

두 번째 수업 공룡시대의 출발 116
클릭클릭 지식 마우스   과학으로 보는 쥐라기 공원

세 번째 수업 세상을 지배하기 시작한 공룡 124
클릭클릭 지식 마우스   쥐라기의 공룡ㅣ쥐라기의 식물ㅣ최초의 포유류ㅣ한반도의 공룡

네 번째 수업 공룡의 낙원, 백악기 132
클릭클릭 지식 마우스   자연 속의 수열ㅣ살아 있는 화석ㅣ한반도 공룡 (하드로사우루스)

다섯 번째 수업 새들의 조상 140
클릭클릭 지식 마우스   익룡의 비행 원리ㅣ새의 비행 원리ㅣ화석이 만들어지는 과정ㅣ생체 모방 과학

여섯 번째 수업 지구에 닥친 위기-소행성 충돌과 공룡의 멸종 148
클릭클릭 지식 마우스   딥 임팩트ㅣ소행성 충돌 이후의 지구 결빙

4부 거인의 등장 158

첫 번째 수업 최초의 인류 160
클릭클릭 지식 마우스   방사성동위원소ㅣ포유류 진화의 결정체 눈ㅣ오스트랄로피테쿠스

두 번째 수업 진화와 멸종 170
클릭클릭 지식 마우스   창조론과 진화론ㅣ인류의 조상을 찾아서ㅣ갈라파고스 군도ㅣ양서류와 파충류

세 번째 수업 진화한 인류, 호모 하빌리스 182
클릭클릭 지식 마우스   인간이 도구를 사용하기 좋은 조건ㅣ인간의 도구와 동물의 도구

네 번째 수업 불을 사용한 직립 인류, 호모 에렉투스 186
클릭클릭 지식 마우스   인간의 진화는 뇌의 크기?ㅣ인간에게 이로운 불ㅣ불에 대한 상식들ㅣ동서양 난방의 차이

다섯 번째 수업 거인의 사춘기, 호모 사피엔스 198
클릭클릭 지식 마우스   그림을 그리기 시작한 인간ㅣ원시인들의 주거 구조ㅣ인류 지속의 힘, 유전학의 아버지 멘델ㅣ인간의 특성을 전해주는 유전자ㅣ신의 영역에 대한 도전

《과학 블로그》를 시작하며

우리가 사는 이 땅 위에는 오래전부터 한 '거인'이 살고 있었습니다. 그 거인은 자신의 몸보다 몇 배 큰 물체라도 쉽게 들어 올릴 수 있는 팔을 가지고 있습니다. 그리고 가만히 앉아서도 수천 킬로미터나 계속해서 달릴 수 있는 다리를 가지고 있습니다. 지금껏 어떤 새들도 오르지 못했던 곳까지 그를 데려다 줄 수 있는 날개를 가지고 있고, 바닷속 어떤 물고기보다도 빠르고 유연하게 물속을 헤엄칠 수 있는 지느러미를 가지고 있습니다.

또한, 그에게는 아무도 찾을 수 없는 곳에 숨어 있거나 어둠에 가려져 있는 물체를 볼 수 있는 눈이 있으며, 세상 어느 구석에서 속삭이듯 말하더라도 들을 수 있는 귀가 있습니다. 그동안 자신들의 앞을 막고 있던 산도 더 이상 그에게 장애물이 되지 않습니다. 그에게는 나이아가라의 엄청난 폭포라도 능히 견뎌낼 수 있는 힘이 있습니다. 옛날처럼 땅에서 주는 것을 받기만 하는 것이 아니라 땅을 자신의 힘으로 다스리게 되었고, 거대한 숲을 만들고, 바다와 바다를 연결하고, 황량한 사막에도 물을 끌어들여 자신들이 머물 땅으로 만들어 냈습니다. 그 거인의 이름은 바로 '인간'입니다.

그럼 우리 앞에 서 있는 거인은 언제부터 이 모든 능력들을 갖게 되었을까요? 그리고 어떻게 이런 힘을 갖게 되었을까요? 그러한 궁금증을 해결하기 위해 우리의 할아버지를 찾아볼까요? 그리고 그 할아버지의 할아버지, 또 그 할아버지…… 이렇게 거슬러 올라가다 보면 어느새 역사책에도 없는, 그리고 지금의 우리와는 사는 방식이나 얼굴 생김새, 입고 있는 옷까지도 다른 시대에 가 있을 것입니다. 아마도 그 시대는 우리가 '선사시대'라고 부르는 시대일지도 모릅니다. 거인을 찾아갔지만 그곳에 거인은 없을지도 모릅니다. 다시 거슬러 올라가더라도 아마 그 시기를 정확히 집어 찾아가기는 어려울 것입니다. 왜냐하면, 역사를 이루는 사건들로 넘어가게 되는 정확한 시기를 말한다는 것은 결코 쉽지 않은 일이기 때문입니다. 그것은 '한순간'에 일어난 일이 아니라 오랜 세월에 걸쳐 진행되며 눈에 잘 띄지도 않는 과정이었습니다.

  이러한 과정들은 자연과학자들에 의해 대략적인 정도는 하나씩 알려지기 시작했습니다. 자연과학자들은 많은 물질들, 예를 들면 나무들이나 동물들, 바위들, 그리고 자연 현상들과 같이 우리를 둘러싼 모든 것들이 비록 속도는 느리지만 일정한 규칙을 가지고 변화한다는 사실을 발견했습니다. 그리고 그것들을 토대로 우리가 기록으로 볼 수 있는 역사들보다 더 오래된 일들을 상상으로 그려볼 수 있게 되었습니다.

  그리고 이제 우리는 지구 위에 존재하는 것들은 시간이 흐름에 따라 진화와 멸종이라는 변화를 겪는다는 것도 알게 되었습니다. 어떤 변화는 우리가 눈치채지 못할 정도로 서서히 일어나지만 어떤 변화는 눈 깜짝할 사이에 일어나기도 합니다. 이제 우리는 이러한 변화들을 찾는 여행을 떠날 것입니다.

1부
우주와 지구의 탄생

 01 첫 번째 수업

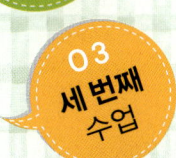 02 두 번째 수업

03 세 번째 수업

04 네 번째 수업

05 다섯 번째 수업

📕 **교과 연계**

초등 3 | 지구와 달
초등 3 | 소중한 공기
초등 4 | 별자리를 찾아서
초등 5 | 태양의 가족
중등 1 | 지구의 구조
중등 2 | 지구와 별
중등 3 | 태양계의 운동

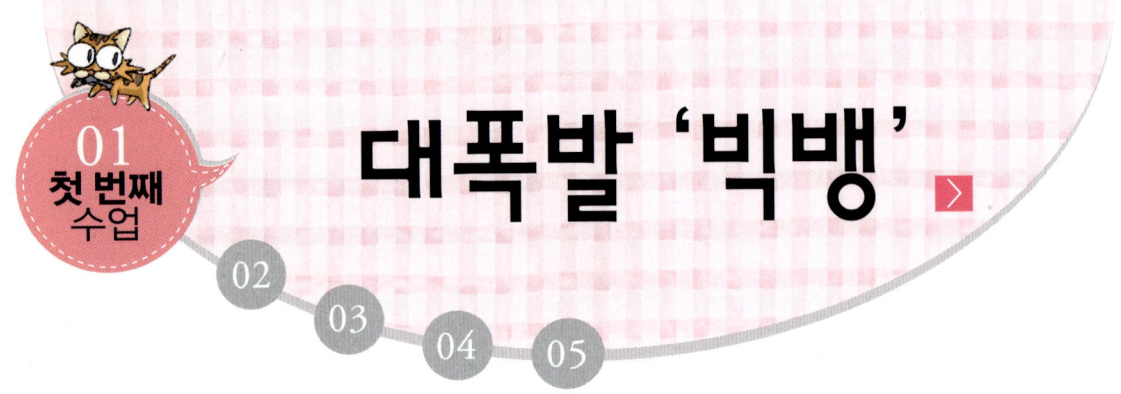

01 첫 번째 수업
대폭발 '빅뱅'

카테고리

과학 블로그 1부
- 첫 번째 수업
- 두 번째 수업
- 세 번째 수업
- 네 번째 수업
- 다섯 번째 수업

우리가 살고 있는 이 세상과 지구는 언제 어디에서 출발했을까요?

인간은 아득한 옛날부터 밤하늘의 별을 보며 별자리를 만들기도 하고, 그러면서 별과 달의 움직임도 이해하게 되었습니다. 하지만 그 누구도 그 별들이 어디에서 왔는지, 언제 생겨났는지는 알지 못했습니다.

그 비밀은 지금으로부터 약 80년 전인 1929년, 미국의 천문학자인 허블이라는 사람에 의해 밝혀지기 시작했습니다. 그는 '우주가 서로 멀어지고 있다'는 사실을 알아냈고 그것을 바탕으로 르메트르와 가모라는 사람이 주장한 '빅뱅(대폭발) 이론'이 사실임이 알려지게 되었습니다. 허블의 발견이 있기 전까지 사람들은 우주가 움직임이 없는 정적인 상태라고 생각했는데, 그의 발견은 그것을 깨뜨리는 큰 사건이었습니다.

대략 137억 년 전, 좁쌀보다도 작은 원자 크기의 우주의 씨앗이 있었는데, 그것이 대폭발을 하게 되었습니다. 그 폭발로 생긴 열의 온도는 수억 도가 넘었습니다. 그리고 1초도 안 되는 짧은 시간 동안 빛보다 훨씬 빠른 속도로 팽창했고, 이후 천천히 식어가면서 별과 행성이 만들어졌는데 이것이 바로 빅뱅 이론입니다. 이 빅뱅과 함께 처음으로 만들어진 원소는 수소와 헬륨이었습니다. 이 원소들이 뭉쳐 우리가 별이라고 부르는 원시적인 항성을 만들었습니다. 이러한 원시 별들에서 핵반응이 일어나 다른 원소들도 생겨나게 된 것이며, 먼지와 가스 구름의 형태로 우주 전체에 퍼지게 되었습니다. 그리고 50억

허블우주망원경
1990년에 발사되었으며 지구의 궤도를 도는 것 중 가장 정교한 망원경입니다. 이 것은 다른 망원경보다 훨씬 먼 공간을 볼 수 있도록 만들어졌으며, 천문관측을 할 때 지구대기 때문에 생기는 여러 가지 문제에 방해받지 않습니다.

who are you? 검색

허블(Edwin Powell Hubble, 1889~1953)
미국의 천문학자로, 우주의 크기에 대해 논란이 많았던 때에 은하까지의 거리가 사람들이 알고 있는 것보다 훨씬 더 멀리 떨어져 있고, 수많은 별들로 이루어져 있다는 것을 밝혀냈습니다. 그리고 우리 은하와 거리가 먼 은하일수록 빠른 속도로 멀어지고 있다는 허블의 법칙을 발견했는데, 이 법칙을 이용하여 우주가 끝없이 팽창하고 있다는 사실도 알아냈습니다. 이것이 바로 '우주 팽창설'입니다.
또 지구에서 은하까지 거리가 얼마나 되는지, 얼마나 빠른 속도로 우주가 팽창하고 있는지, 그리고 은하의 나이가 얼마나 되는지도 밝혀냈습니다. 1992년에 미 항공우주국에서 우주망원경을 쏘아 올렸는데, 이때 허블의 업적을 높이 사서 그 이름을 허블우주망원경이라 지었습니다.

르메트르(A. G. Lemaitre, 1894~1966)
벨기에의 가톨릭 신부로 천문학자이자 물리학자입니다. 1920년대에 대폭발에 의해 생겨났다는 빅뱅 이론을 처음 제시하였습니다.

가모(G. Gamov, 1904~1968)
구소련의 물리학자입니다. 빅뱅 이론에 기초하여 1940년대에 빅뱅과 함께 방출된 폭발의 흔적이 우주 곳곳에 흩어져 있을 것으로 예견하였고, 현재의 대폭발론으로 체계화하였습니다.

만만한 과학용어 검색

별(항성)
태양과 같이 스스로 빛을 발하는 고온의 가스체를 말합니다. 우리가 하늘에서 볼 수 있는 것은 대략 6,000개 정도이며, 태양 외에 가장 가까운 항성은 3.4광년이나 떨어져 있습니다.

행성
행성을 뜻하는 planet은 '방랑자'라는 뜻의 그리스어에서 유래한 말입니다. 행성은 궤도에 따라 태양이나 다른 별들의 주위를 공전합니다.

년 전 우주 공간을 떠돌던 먼지와 가스 구름들이 수축하기 시작했습니다. 그리고 그 중심부에서부터 회전하면서 점차 둥근 덩어리가 되었습니다. 그 덩어리는 가장 안쪽으로 작용하는 중력이라는 힘 때문에 압축이 되고 상상할 수 없을 정도로 뜨거워졌습니다. 오랜 시간이 지나자 그것은 마침내 커다란 항성이 되었습니다. 바로 우리 지구를 밝게 비추는 태양입니다.

우주의 대폭발

아인슈타인의 실수?

허블의 발견 이전까지 사람들은 우주를 움직임이 없는 안정된 존재라고 생각했습니다. 아득한 고대부터 지금까지 별들은 늘 그 자리에 그 모습대로 있었고, 앞으로도 그러할 것이라는 믿음이 있었던 것입니다.

그러한 믿음은 너무나 강해서 알베르트 아인슈타인 같은 물리학자도 우주가 정지 상태에 있도록 자신의 이론에 '우주상수'라는 것을 도입하는 실수를 저지를 정도였습니다. 아인슈타인의 처음 이론에서는 서로 끌어당기는 힘만 있어 언젠가는 우주가 한 점에 모인다는 결론이 나왔습니다. 중력과 같은 인력에 의해 모이지 않도록 반대되는 서로 미는 힘이 있다고 생각했습니다. 그래서 도입한 것이 '우주상수'입니다.

그러나 르메트르 같은 학자들은 우주가 정지되어 있지 않고 계속 밖으로 팽창한다고 주장했습니다. 마침내 1929년, 에드윈 허블이란 사람이 망원경으로 우주를 살피다가 점점 다른 은하들로부터 멀어지고 있다는 사실을 알게 되었습니다.

이제 사람들은 그 이전의 우주는 더 작았을 것이고, 우주가 이렇게 확대되고 있다면 시간을 거슬러 계속 올라가다 보면 우주는 축구공만 해졌다가 마침내는 원자만 한 크기의 우주였다는 것을 믿기 시작했습니다.

아인슈타인의 우주상수
아인슈타인은 우주가 움직이지 않고 영원하다고 믿었습니다. 하지만 그 이론을 우주에 대입하면 자신이 생각하는 우주가 만들어지지 않았습니다. 그의 이론으로 말하면 서로 끌어당기는 힘에 의해 점점 축소되는 우주였던 것입니다. 그래서 정지한 상태의 우주가 되려면 서로 밀어내는 힘이 있어야 했습니다. 이를 우주상수라고 합니다. 아인슈타인은 우주 공간이 중력 때문에 줄어드는 것을 막는 어떤 에너지를 가지고 있다고 생각했던 것입니다.

만만한 과학용어 〔검색〕

우주배경복사
약 137억 년 전에 일어난 우주 대폭발 이후 현재까지 남아 있는 것으로 여겨지는 대폭발의 흔적입니다. 이 빛은 우주 공간의 여러 방향에서 지구를 향해 오고 있으며, 폭발 후 우주 공간에 남아 우주를 가득 채우고 있다고 여겨지고 있습니다. 그리고 우주가 탄생할 당시의 상태를 알 수 있는 중요한 기초 자료로 여겨지고 있습니다.

미 항공우주국
(National Aeronautics and Space Administration)
우주 개발 활동 및 일반 항공 연구 등을 하고 있는 미국의 국가 기관으로, 대통령 직속기관입니다.

우주배경복사 탐사선 (WMAP)
2001년 미 항공우주국(NASA)에서 빅뱅의 흔적을 탐지하기 위해 발사한 위성입니다.

빅뱅

빅뱅(Big Bang, 우리말로는 대폭발이라고 합니다)은 최근 천문학이나 물리학에서 우주의 시작으로 인정받고 있는 이론입니다. 빅뱅 이론에 의하면 태초의 우주는 엄청나게 높은 에너지와 원자 같은 미세한 크기로 시작되었다고 합니다. 최초의 그 작은 점이 어느 날 폭발해 지금의 우주가 되었다고 합니다.

이 대폭발 때 엄청난 충격과 열이 생겼고 과학자들은 그때의 열과 충격의 잔존물이 지금도 남아 있을 것이라 생각했습니다. 그리고 그 생각은 맞아떨어졌습니다. 당시의 흔적이 137억 년이나 지난 지금까지 남아 과학자들에게 그 모습을 보여준 것입니다. 이 빅뱅의 흔적들을 '우주배경복사'라고 부릅니다. 2001년에 우주배경복사 탐사선(WMAP)이 이 흔적들을 탐지하기 위해 발사되었습니다. 이때 찍은 사진들은 우주가 137억 년 전에 대폭발, 즉 빅뱅으로 태어났고 1초도 안 되는 짧은 시간에 엄청난 팽창을 일으켜 오늘에 이르고 있다는 것을 말해 줬습니다. 시간을 거꾸로 거슬러 올라가면 우주의 크기가 아주 작았다는 것을 추론할 수 있습니다.

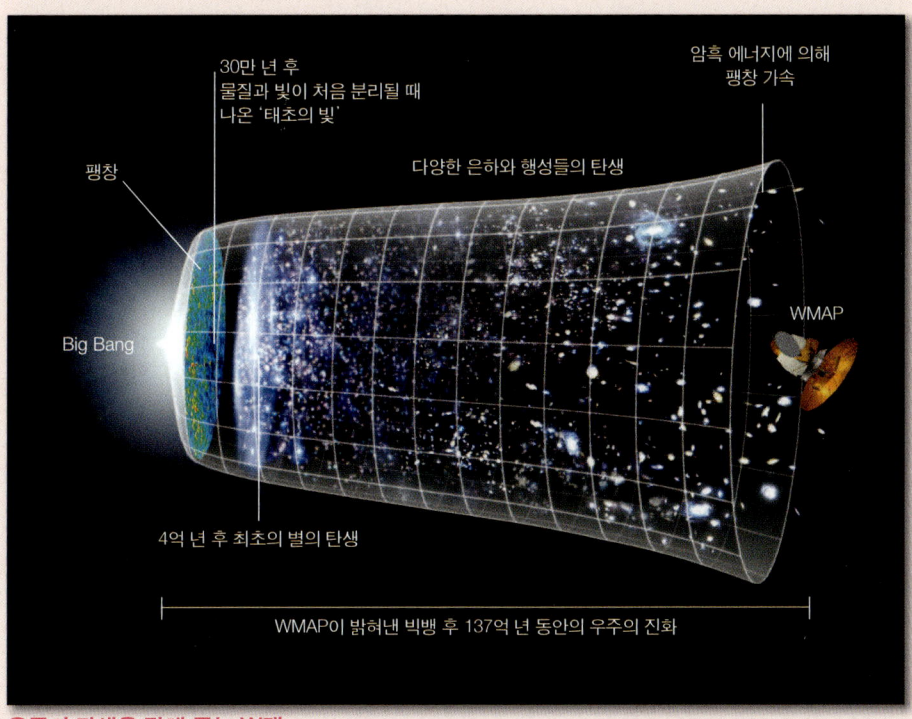

우주의 탄생을 말해 주는 W맵

그림의 왼쪽은 빅뱅 초기 대폭발에 의해 기하급수적으로 팽창하는 시기이고, 그 다음에 보이는 것이 WMAP에 의해 측정된 빅뱅이 있은 지 30만 년 후에 물질과 빛이 처음 분리되면서 나온 태초의 빛입니다. 최초의 별은 약 4억 년 후에 탄생했으며 그런 다음 다양한 은하와 행성들이 생성됩니다. 그러고 나서 중력에 의해 팽창이 약해지다가 오른쪽을 보면 암흑 에너지에 의해 서서히 팽창이 가속되고 있습니다.

우주의 미래

그렇다면 우주의 미래는 어떨까요? 우주는 무한히 계속 팽창할까요? 그렇지 않으면 대파국 이론이 주장하는 것처럼 언젠가는 팽창을 멈추고 수축하여 다시 한 점으로 모이게 될까요? 이제 우주의 미래에 대해 알아보겠습니다.

우리가 알고 있는 힘은 모두 네 가지가 있습니다. 그 힘은 전자기력과 약한 핵력, 강한 핵력, 그리고 중력입니다. 중력을 제외한 나머지 힘은 우주의 팽창과 관련하여 별다른 영향을 주지 못합니다. 중력은 잡아 끄는 힘, 즉 인력으로만 작용합니다. 따라서 중력은 우주의 팽창을 방해만 할 수 있습니다.

그럼 우주는 어떻게 팽창할까요?

우선 이렇게 생각해 보세요. 공을 높이 던지면 빠른 속도로 올라가다가 중력의 영향으로 점점 느려져 어느 순간 멈추었다가 다시 땅으로 떨어질 것입니다. 마찬가지로 우주도 하늘로 던진 공처럼 빠르게 팽창하다가 어느 순간 중력에 의해 다시 수축하고 원래의 상태로 돌아갈 것입니다. 이와 같은 우주의 미래를 '빅크런치'라고 합니다.

이 이론은 암흑 물질이라는 존재가 알려지면서부터 제기되었습니다.

하지만 이러한 이론을 부정하는 새로운 관측 결과가 나왔습니다. 중력에 의해 우주가 수축하려면

만만한 과학용어 검색

암흑 물질

우주를 채우고 있는 질량을 가진 물질 중에서 우리가 관측할 수 있는 것은 얼마 되지 않습니다. 상당수의 물질은 관측할 수 없지만 존재할 것이라고 믿는 암흑 물질이라는 것으로 채워져 있습니다. 이 암흑 물질은 우주의 팽창을 억제하는 중력의 85퍼센트를 만들어 냅니다.

암흑 에너지

현재 암흑 에너지를 설명하는 가장 강력한 이론은 아인슈타인의 우주상수입니다. 암흑 에너지는 우주 구성에서 73퍼센트나 차지하고 있으며 과학자들도 이것에 대해서는 고개를 흔들 정도로 비밀에 싸여 있습니다.
암흑 에너지는 특정한 곳에 뭉쳐 있지 않고 우주에 널리 퍼져 있으며, 중력의 반발력으로 미는 힘인 척력으로 작용해 우주를 가속 팽창시키는 역할을 한다고 합니다.
현재 우주의 팽창은 암흑 물질보다 암흑 에너지의 힘이 더 크기 때문에 일어난다고 보고 있습니다.

하늘로 던진 공처럼 갈수록 느려져야 하는데 최근 우주는 팽창 속도가 점점 빨라지고 있다고 합니다. 그래서 사람들은 새로운 우주의 미래를 상상하기 시작했습니다. 그 새로운 우주의 모델로 아인슈타인의 우주상수도 되살아났습니다. 우주상수는 당기는 힘과 반대로 밀어내는 힘이 있을 것이라는 생각에서 출발한 것입니다.

이러한 힘은 '암흑 에너지'라는 우리에게 전혀 알려지지 않은 새로운 것이 등장하면서 설명이 가능해졌습니다. 우리 눈에 보이지도 않고 잡을 수도 없지만 우주의 73퍼센트나 차지하는 암흑 에너지가 바로 우주의 팽창을 유도하는 것으로 알려져 있습니다. 현재 우주의 팽창 속도가 갈수록 증가하는 것은 암흑 에너지가 중력을 만들어 내는 암흑 물질보다 우세하기 때문이라고 합니다.

우주의 미래는 이러한 암흑 에너지에 의해 점점 멀어지고 사방으로 흩어진 우주는 팽창력이 중력을 압도하면서 모든 것을 해체하게 됩니다. 은하와 태양계의 별뿐만 아니라 원자까지도 분해됩니다.

이것이 바로 우주의 미래를 말하는 '빅립(Big Rip: 거대한 찢어짐) 이론'입니다.

우주의 구성 물질
우주는 73퍼센트의 암흑 에너지, 23퍼센트의 암흑 물질로 구성되어 있습니다. 우리가 볼 수 있는 별이나 행성, 먼지 등은 4퍼센트에 지나지 않습니다.

태양의 탄생

카테고리

과학 블로그 1부
- 첫 번째 수업
- **두 번째 수업**
- 세 번째 수업
- 네 번째 수업
- 다섯 번째 수업

만만한 과학용어 검색

수소
원소기호는 H로 나타내며 색과 냄새가 없습니다. 스스로 폭발하는 성질이 있으며 우주 공간에 가장 많이 분포하고 있습니다.

헬륨
원소기호는 He이며, 색과 냄새가 없고 불에 타지 않습니다. 끓는점이 매우 낮아 초전도체 등에서 냉각제로 사용됩니다.

태양은 뜨거운 가스로 만들어진 둥근 덩어리입니다. 주로 수소로 이루어져 있는데, 그 지름이 무려 지구의 109배나 됩니다. 태양 안에 지구를 넣는다면 130만 개나 들어갈 수 있는 어마어마한 크기입니다.

태양의 한가운데에는 중심핵이 자리 잡고 있는데 온도가 약 1,500만 도(℃) 정도로 아주 뜨겁습니다. 이곳에서 수소가 헬륨으로 변하는 핵반응이 일어납니다. 그 결과 엄청난 에너지가 만들어져 밖으로 나오게 되는데, 태양의 내부가 너무 빽빽해 그것이 태양 표면으로 나오는 데만도 수만 년이 걸립니다. 그리고 그 에너지가 빛과 열로 바뀌어 우주로 나가게 되는데, 우리를 밝게 비춰주는 빛과 따뜻하게 만들어주는 열과 같은 에너지를 복사 에너지라고 합니다. 이 중 자외선과 같은 것은 우리에게 해롭지만 다행히 대기권에서 차단되어 지구 표면까지는 오지 못합니다.

태양을 관찰하다 보면 온도가 낮고 어두운 점이 보입니다. 이것을 흑점이라고 하는데, 이는 태양 내부의 자기장 때문에 생겨나는 것입니다. 자기장이 서로 충돌해 태양 내부에서 밖으로 나오는 열의 흐름을 느리게 해 온도가 4,000도 정도로 낮습니다.

흑점 외에 우리에게 잘 알려진 홍염이라는 것이 있습니다. 태양의 표면은 쉬지 않고 격렬한 활동을 하는데, 홍염은 이보다 큰 폭발 현상입니다. 이 폭발에 의해 불길이 태양으로부터 수천 킬로미터나 뻗어나가기도 하고, 몇 달 동안이나 지속되기도 합니다.

하지만 우리의 태양도 언젠가는 늙어 수명이 다하게 되면 지금의 노란색에서 붉은색으로 변하게 될 것입니다. 그리고 수축과 팽창을 반복하다가 백색의 작은 별이 되고, 서서히 희미해지다가 결국 흑색 왜성이라 불리는 시기가 되면 일생을 마치게 됩니다. 하지

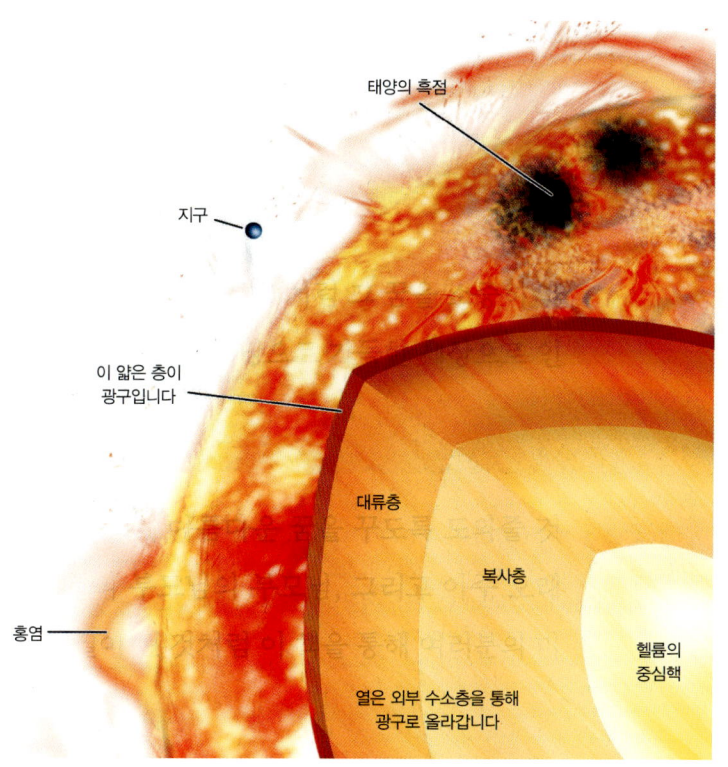

태양의 구조

태양은 중심부로 갈수록 뜨거워지며 가장 안쪽에서는 수소 원자가 헬륨으로 변하는 핵융합반응이 일어납니다. 이 에너지가 밖으로 나오게 되는데, 안쪽은 밀도가 너무 높아 밖으로 나오는 데는 상상할 수 없을 만큼 오랜 시간이 걸립니다.

만만한 과학용어 〔검색〕

핵분열

큰 원자의 원자핵이 두 개 이상의 다른 원자핵으로 쪼개지는 현상입니다. 원자핵에 중성자를 충돌시키면 여기에서 두세 개의 중성자가 나오는데 이것이 연쇄적으로 반응을 일으킵니다.

핵융합

가벼운 몇 개의 원자핵이 충돌하여 다른 무거운 원자핵을 이루는 현상입니다. 반응이 일어나면 큰 에너지가 나오며, 원자핵의 질량의 합은 충돌하기 전에 비해 약간 줄어듭니다.

태양계

태양은 46억 년 전에 처음 만들어졌습니다. 태양은 태양계 전체 질량의 99퍼센트 이상을 차지하고 있습니다. 그리고 이 태양의 영향권 안에 8개의 행성과 그중 6개 행성이 가지고 있는 약 160개의 위성, 수많은 소행성, 혜성, 유성과 운석, 그리고 열은 구름을 이루고 있는 행성 간 물질 등으로 이루어져 있습니다. 그리고 앞으로도 계속 소행성과 위성을 발견할 수 있을지도 모릅니다.

만만한 과학용어 검색

흑점(黑點)
태양의 표면에서 검게 보이는 부분입니다. 강한 자기장이 대류에 의한 에너지 전달을 방해하여 주변에 비해 온도가 2,000℃ 정도 낮기 때문에 검게 보입니다.

홍염(紅潮)
태양 표면에서 기체 물질이 분출하여 불꽃처럼 나타나는 현상입니다. 보통 고리 모양으로 많이 나타나며, 일반적으로 수천 킬로미터 너머로 뻗어 나갑니다.

흑색 왜성
별의 진화 과정의 마지막 단계로, 더 이상 복사 에너지를 내지 못하고 차갑게 식어 완전히 활동을 멈춘 별의 잔해입니다.

백색 왜성
자신의 핵 원료를 모두 소진해 버린 별로, 조밀한 내부 구조 때문에 더 이상 중력에 의한 수축도 하지 않는 상태입니다. 열에 의해 복사 에너지를 모두 내보내고 서서히 차가워지는데, 이 남은 에너지가 모두 소모되는 데 수십억 년이 걸립니다.

만 크게 걱정할 필요는 없습니다. 그때까지는 앞으로 50억 년이나 남아 있으니까요.

그럼 지구는 어떻게 태어났을까요? 태양이 단단하게 수축되면서 그 반발력으로 남은 먼지 구름을 날려버렸는데 무거운 것들은 태양 가까이에, 그리고 가벼운 것들은 먼 곳에서 넓은 원반 모양으로 태양 주위를 돌게 됩니다. 태양이 만들어지고 5억 년의 시간이 흐르는 동안 이들 먼지 알갱이들은 서로 엉겨붙어 바위덩어리들이 되고 이들이 충돌해 서로 달라붙게 됩니다. 그런 과정을 반복하며 점점 커지게 되었습니다. 그리고 그 먼지 덩어리는 몇 개의 행성으로 변했습니다. 그중 하나가 태양으로부터 세 번째로 위치한 지구입니다.

태양계가 평평한 이유?

태양계가 평평하다?

우주 공간에서 '상하'라는 개념은 무의미하지만, 어쨌든 태양계를 위에서 내려다보면 아래 그림과 같이 보입니다.

이와 같이 태양계는 평평한 모양으로 되어 있습니다. 명왕성의 궤도가 약간 다르게 보이기는 하는데, 이에 대해서는 나중에 설명할 것입니다.

태양계가 평평하다는 것은 사실 납득하기가 어렵습니다. 사물이 공중에 떠 있을 때는 그 모양이 대개 공 모양입니다. 비누 거품이라든지 행성을 보면 알 수 있습니다.

그런데 왜 태양계는 그렇지 않을까요? 그 이유는 태양계가 회전을 하기 때문입니다. 사물이 회전할 때에는 원심력이 작용하여 바깥쪽으로 쏠리게 됩니다.

예를 들어 끈이 달린 고무공 여러 개를 전기 드릴에 묶어서 회전시켜 보세요.

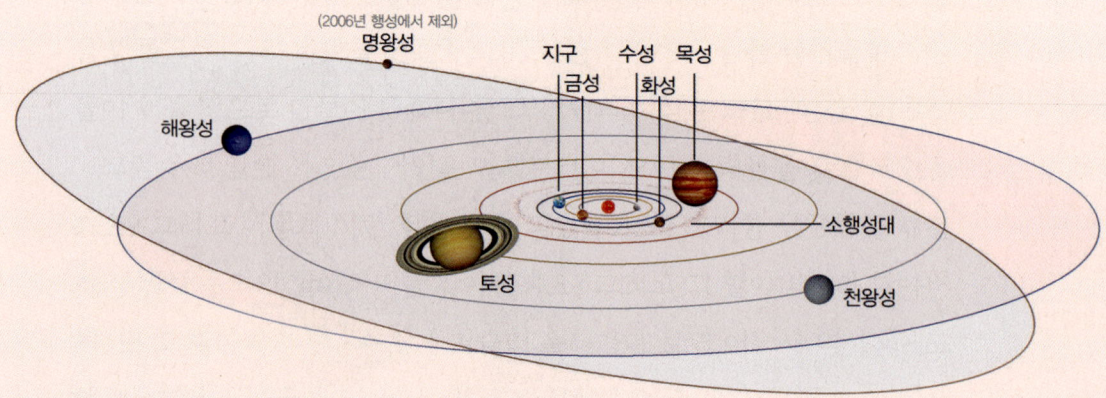

그러면 어떤 일이 벌어질까요? 드릴에 묶인 공들이 옆으로 날아가면서 평평한 원반 모양으로 회전하게 됩니다. 이는 원심력의 작용 때문입니다(엄밀히 말한다면 '원심력'은 실제로 존재하는 힘은 아닙니다).

태양계도 이와 같은 이유로, 행성들이 태양을 중심으로 회전하기 때문에 평평한 모습을 이루는 것입니다. 참고로 대부분의 행성 궤도가 자리하고 있는 원반의 면은 황도면이라고 불리고 있습니다.

회전하는 은하들은 태양계와 같이 평평한 모양을 하고 있습니다.

지구와 달의 탄생

03 세 번째 수업

카테고리

과학 블로그 1부
- 첫 번째 수업
- 두 번째 수업
- **세 번째 수업**
- 네 번째 수업
- 다섯 번째 수업

만만한 과학용어 검색

복사 에너지
물체는 온도에 따라 전자기파의 에너지를 방출하는데, 이 에너지를 복사 에너지라고 합니다.
온도가 높을수록 많은 에너지를 방출하며, 저온의 물체는 적외선(열)만 방출하고 고온의 물체일수록 적외선, 자외선, 가시광선을 모두 방출합니다.
태양의 복사 에너지의 경우 지구에 도달하여 인간과 모든 생물들에게 많은 영향을 미칩니다.

갓 만들어진 지구는 지금의 지구보다 작았습니다. 그러다 같이 태양을 돌던 다른 작은 행성들과 충돌하기 시작했습니다. 수많은 다른 행성들과의 충돌로 인해 지구의 덩치는 더 커졌고 덩치만큼이나 중력도 강해지게 되었습니다. 중력은 지구를 싸고 있는 먼지 덩어리를 공 모양의 지구의 한가운데로 끌어당겨 그것이 녹을 때까지 압축하게 됩니다. 이 압축으로 인해 발생한 열로 액체가 된 금속이 지구의 한 중심을 이루게 됩니다. 그 핵을 둘러싸고 규산염이라는 고체 상태의 광물로 이루어진 맨틀이 자리 잡게 됩니다. 이제 서서히 지구는 제 모양을 갖추게 됩니다. 그런데 지구가 거의 만들어질 무렵 큰 사건이 발생합니다. 그것은 우주에서 화성 정도의 크기를 가진 천체가 지구와 충돌하게 됩니다. 그래서 지구의 덩어리 일부와 우주에서 날아온 천체의 물질이 지구 밖으로 떨어져 나갑니다. 하지만 지구의 중력으로 완전히 벗어나지는 못하고 지구의 둘레를 회전하게 됩니다. 그러면서 서서히 하나의 덩어리로 뭉치게 되어 지금의 달이 되었습니다. 이렇게 해서 만들어진 지구와 달은 항상 함께 붙어 다니며 움직이고 있습니다. 하지만 두 곳에는 전혀 다른 세계가 펼쳐져 있습니다. 달은 처음 만들어진 30억 년 이래 거의 변화가 없이 건조하고 생명이 살 수 없는 땅으로 남아 있습니다. 하지만 지구는 지난 45억 년 동안 무수히 많은 변화를 겪었고 지금은 생명

> **만만한 과학용어** 검색
>
> **규산염**
> 규소와 산소 및 약간의 금속 원소로 이루어진 중성염을 말합니다. 암석을 이루는 광물 중 가장 많은 양을 차지하며, 지각의 대부분을 이루고 다른 천체에도 존재합니다.

이 존재할 수 있는 행성이 되었습니다.

그리고 이 생명에 필수적인 물에 대해서는 여러 주장들이 있습니다. 원시 지구의 내부에 갇혀 있던 수소가 새어나와 산소와 결합해 물을 만들었다고도 하고, 외계의 수분을 가진 행성의 의해 만들어졌다고도 합니다. 외계에서 온 것이라는 주장으로 보면 처음 지구는 하나의 커다란 불덩이였습니다. 이 뜨겁게 타오르는 지구에 우주로부터 수분을 가진 운석들이 쏟아지기 시작했습니다. 수분은 뜨거운 지구의 열에 의해 수증기로 증발하

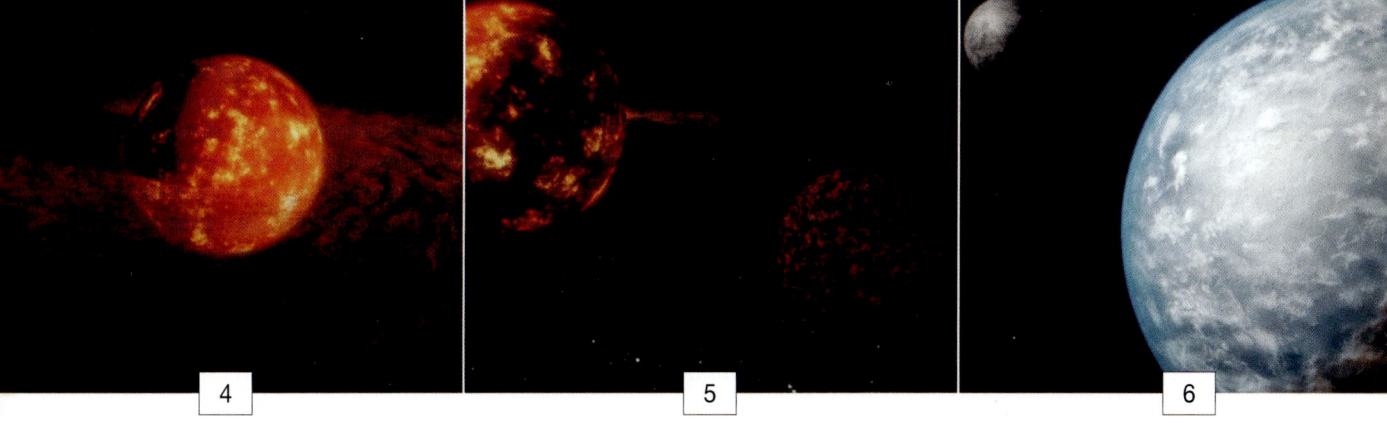

고 당시의 대기 속에 있던 이산화탄소와 결합해 다시 땅으로 쏟아져 내렸습니다. 그렇게 해서 대지의 90퍼센트가 물에 잠겨 지구는 물의 세상이 되었다고 합니다. 어느 주장이 맞든 이제 지구에는 거대한 바다가 만들어졌습니다.

1. 태양이 생기고 나서 태양의 주위에는 작은 행성들이 주변을 돌면서 서로 합쳐져 지구와 같은 행성이 만들어졌습니다.
2. 지구가 태양 주위의 다른 행성과 결합해 만들어지고, 많은 시간이 흐른 뒤 지구에 작은 행성이 접근해 옵니다.
3. 지구가 소행성과 충돌해 지구의 암석 덩어리와 충돌한 행성의 암석이 지구 밖으로 나가게 됩니다.
4. 지구 밖으로 빠져나간 암석들은 중력에 의해 멀리 가지 못하고 지구의 주위를 돌게 됩니다.
5. 이제 지구를 도는 하나의 위성인 달이 생겼습니다. 아직까지 지구와 달은 뜨겁습니다.
6. 지구는 이제 물과 대기가 있는 행성으로 성장하고 수분을 갖지 못한 달은 오늘날까지 대기가 없는 위성으로 남아 있습니다.

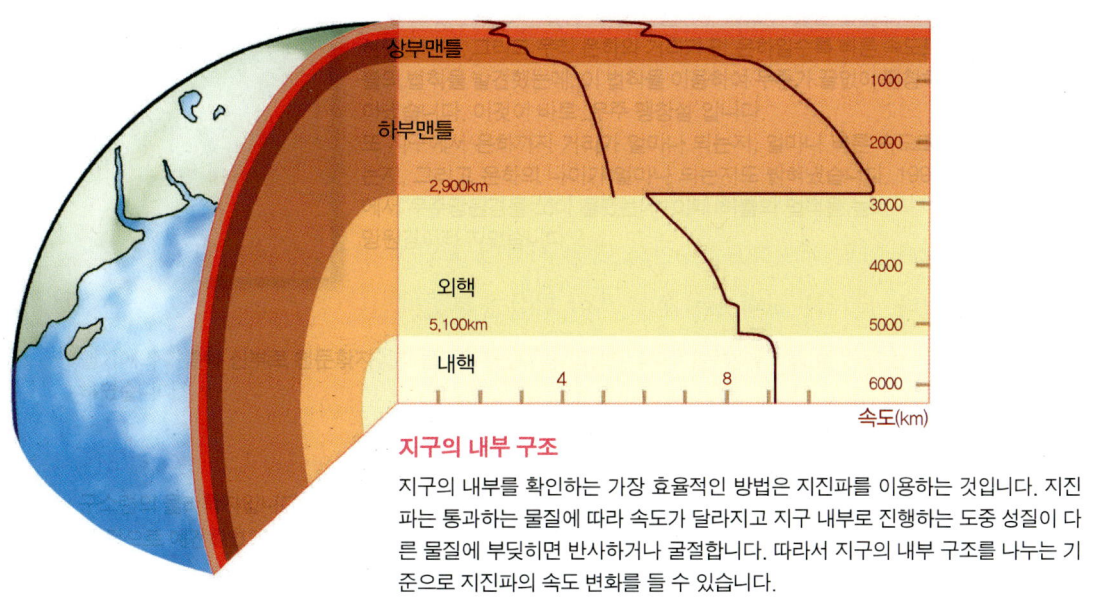

지구의 내부 구조

지구의 내부를 확인하는 가장 효율적인 방법은 지진파를 이용하는 것입니다. 지진파는 통과하는 물질에 따라 속도가 달라지고 지구 내부로 진행하는 도중 성질이 다른 물질에 부딪히면 반사하거나 굴절합니다. 따라서 지구의 내부 구조를 나누는 기준으로 지진파의 속도 변화를 들 수 있습니다.

하늘은 왜 파랄까?

햇빛은 어떤 색일까?

햇빛은 어떤 색일까요? 아마도 많은 사람은 노란색이나 하얀색이라고 생각할 것입니다. 그러나 실제로는 온갖 색이 뒤섞인 혼합색입니다. 프리즘을 이용하면 햇빛의 색을 알아낼 수 있습니다. 프리즘은 유리 조각을 평평하게 갈아서 만든 것으로, 과학용품을 파는 상점에서 구입하거나 집안의 샹들리에에 매달린 값싼 크리스털 장식을 이용해도 됩니다(크리스털 장식이 프리즘 역할을 합니다).

태양을 향해 프리즘을 대고 바닥이나 벽에 새겨지는 영상(그림자)을 관찰해봅시

다. 그러면 프리즘이 비추는 영상은 빨간색, 초록색, 노란색, 파란색 등 다채로운 색을 띨 것입니다. 프리즘은 빛을 굴절시켜 일곱 가지 무지개색으로 분산시키는 역할을 합니다.

 빛이 태양에서 나와 우리에게 도달하기 위해서는 지구의 대기권을 통과해야 합니다. 대부분의 햇빛은 대기권을 곧바로 통과하지만, 그중 일부는 공기 입자에 부딪혀 반사됩니다. 이러한 현상을 '빛의 산란'이라고 하지요. 이때 빛의 푸른색 부분이 대기 중에서 가장 많은 산란을 일으킵니다. 이 푸른색 빛은 하늘 주변으로 퍼져 나가다가 우리의 머리 위에서 '하늘색'으로 나타납니다.

 즉 태양에서 내리쬐는 직사광선은 하얀색이고, 사방에서 우리를 감싸는 빛은 푸른색입니다.

 만약 푸른빛이 반사되지 않는다면, 태양은 지금처럼 밝게 빛나기는 하겠지만 하늘은 온통 어두컴컴한 검은색일 것입니다. 대기가 없는 달 위에서는 그것을 관찰할 수 있습니다.

달로 떠나는 여행

우주 경쟁 시대

1957년에 소련이 지구 둘레의 궤도를 선회하는 최초의 인공위성 스푸트니크 1호를 발사 성공시키며 우주 경쟁 시대를 선포하자, 이에 자극받은 미국의 존 F. 케네디 대통령은 60년대가 지나가기 전에 인간을 달에 착륙시킨 후 무사히 귀환시키겠다는 약속을 내걸었습니다.

1969년 7월 20일 미국 동부 시간으로 오후 4시 17분, 인류 역사상 최초로 유인 달착륙선 이글호가 달로 떠났습니다. 미국 우주선 아폴로 11호의 사령선에서 떨어져 나온 이글호는 선장 닐 암스트롱과 조종사 에드윈 올드린에 의해 달 표면의 '고요의 바다'에 무사히 착륙했습니다. 오후 10시 56분, 암스트롱은 4개의 연동 바퀴가 달린 착륙선의 문을 열고 황량하고 가루 같은 흙이 뒤덮인 달 표면 위에 조심스레 첫발을 내디뎠습니다. 인류가 달나라에 첫발을 내디딘 역사적인 순간이었죠.

암스트롱은 텔레비전을 통해 이 장면을 시청하고 있던 약 6억 명의 지구인들을 향해 "오늘 나는 나의 자그마한 발걸음을 내디뎠을 뿐이지만 전 인류에게는 위대한 도약"이라고 말했습니다. 마이클 콜린스가 사령선을 타고 달 주위를 궤도 비행하고 있는 동안 19분 후에 조종사 올드린이 암스트롱과 합류했습니다. 그는 물 한 방울, 공기 한 점도 없는 '고요의 바다'인 달 표면에 발을 내디디며 '장엄하고 황량한' 기분을 표현했습니다.

아폴로 11호의 달 착륙 성공은 1971년 화성 궤도로 발사된 마리너 9호, 1976년 무인 우주선 바이킹 1호에 의한 화성 탐사를 촉진시킴으로써 우주의 보다 먼 곳에 대한 탐사를 활발하게 했으며, 우주 정거장을 경유하여 지구와 달 사이에서 인간과 장비를 운반하는 스페이스 셔틀 체제의 개발을 구상하게 했습니다.

현재 여러 선진국들은 우주에 대해 지대한 관심을 가지고 지속적인 투자를 하고 있습니다. 중국 또한 급속한 경제 성장과 더불어 유인 우주선 '선저우 5호' 발사에 성공하는 등 우주 항공 기술력에 많은 투자를 하고 있습니다. 우리나라는 2008년 4월에 한국인 최초의 우주인으로 선발된 이소연 씨가 우

1996년 7월 20일, 인류 역사상 최초로 유인 착륙선 이글호가 달에 착륙했습니다.

주 정거장과 도킹하여 세계에서 36번째로 우주인을 배출한 국가가 되었지만, 달 탐사 계획은 아직 미지수이며 아직까지 우주 항공 분야에서는 별다른 성과를 거두지 못하고 있습니다. 이것은 우리나라가 우주 항공에 투자할 만큼의 자본과 인력이 없다는 문제점에서 비롯되는 것입니다. 우주 항공 기술은 미래에 전망되는 기술이며 일종의 경제 분야라고 할 수 있습니다. 따라서 우리나라도 이에 발맞추어 우주 항공 기술에 투자하고 미래에 벌어질 우주 경쟁에 대비하여야 할 것입니다.

실제로 스페이스 셔틀 체제가 구축되면 달이나 기타 행성을 거주지로 삼거나 태양계 밖으로의 우주 탐사 여행이 더 이상 공상과학소설 속의 이야기가 아닌 현실로 가능해질 것입니다.

생명의 조건

04 네 번째 수업

카테고리

과학 블로그 1부
- 첫 번째 수업
- 두 번째 수업
- 세 번째 수업
- **네 번째 수업**
- 다섯 번째 수업

생명의 출현에 대해서는 여러 주장들이 있습니다. 그 옛날 과학이 발달하기 전에는 신에 의한 창조론이 절대적이었습니다. 그러다가 오스트리아 국립대학의 지질학자들이 40억 년 전 지구에 떨어진 운석에서 생명 탄생과 관련된 핵산을 발견하고 외계 생명체가 유입되었다고 주장하기도 했습니다. 현재는 1920년대에 오파린이라는 과학자가 주장한 이론이 가장 많이 받아들여지고 있습니다.

그 이론에 따르면 지구가 처음 만들어진 시기에는 소행성의 계속된 충돌과 여러 가지 환경 때문에 온도가 매우 높았고 번개나 자외선으로 열악한 상태였다고 합니다. 공기도 오늘날과는 전혀 다른 물질로 이루어져 있었습니다. 이러한 것들이 번개와 같은 강한 충격에 의해 아미노산, 글리세린, 지방

산, 당류 등을 만들게 되고 비를 타고 땅으로 떨어져 당시의 바다로 흘러들어 갔습니다.

그리고 바다 밑에 쌓인 이 물질들은 다시 서로 만나 생물에게 꼭 필요한 물질인 단백질, 지방, 탄수화물이 되었습니다.

이들은 결국 코아세르베이트(coaservate)라고 하는 가장 원시적인 살아있는 분자 상태에서 맨 바깥쪽에 또 다른 유기물들이 붙어 세포막과 비슷한 형태를 갖게 되면서 단세포생물로 진화하였습니다. 그리고 자신이 가진 특성을 다음 세대에 전달할 수 있는 능력을 갖게 된 것들만 경쟁에서 살아남게 되어 최초의 생명으로 발전하게 된 것입니다. 생물학자들은 대체로 이 시기를 지구 탄생 후 약 10~15억 년 이내로 추정하고 있습니다.

만만한 과학용어 〔검색〕

핵산(核酸)
생명체의 유전물질로, 핵 속에 들어 있는 산성 물질이란 뜻입니다. 대표적으로 DNA, RNA 등이 있습니다.

암모니아
질소와 수소로 이루어진 화합물입니다. 공기보다 가볍고 상온에서 특유의 자극적인 냄새가 나며 물에 매우 잘 녹는 기체입니다.

단백질
생물체의 몸을 구성하거나 활동에 필요한 에너지로 사용되며, 3대 영양소 중의 하나입니다. 열을 가하면 굳어지고 태우면 머리카락 타는 냄새가 납니다.

who are you? 〔검색〕

오파린(Aleksandr Ivanovich Oparin, 1894~1980)
러시아의 생물학자이자 생화학자입니다.
생명의 기원에 대해 연구하여 식물, 세균, 균류처럼 다른 생물이 만든 유기물에 의존하는 종속영양생물이 가장 원시적이라는 결론을 내렸으며, 그 분야에서 과학적인 연구를 확립해 놓았습니다.
생명의 기원에 대한 가설에 따르면 어떤 시기에 지구상에서 형성된 탄화수소가 질소·산소와 반응하여 간단한 유기 화합물을 만들고, 그것이 계속 변화하여 원시생물이 되었다고 합니다.

만만한 과학용어 검색

메탄
가장 간단한 탄소 화합물로, 탄소 하나에 수소 4개가 붙어 있는 기체입니다. 천연가스의 주성분이며 연료로 많이 사용됩니다.

코아세르베이트

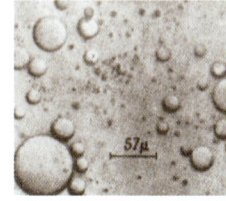

코아세르베이트를 바로 생명체라고 부를 수는 없습니다. 다만, 이 물질은 외부 물질을 받아들이고 내부 물질을 밖으로 내보내기도 하며, 어느 정도 크기 이상으로 자라게 되면 세포가 둘로 분열되는 등 생명체와 같은 특징을 보입니다. 이러한 몇 가지 성질 때문에 코아세르베이트에서 최초의 원시 생명체가 탄생했을 것이라고 추측하고 있습니다.

그리고 이러한 가설을 실험으로 증명한 사람이 있었습니다. 1953년, 시카고 대학에서 박사과정을 밟고 있던 스탠리 밀러라는 사람은 자신의 연구실에 원시 지구의 환경을 만들어 하나의 실험을 진행했습니다. 밀러가 준비한 밀폐 용기에는 황과 메탄, 수소, 암모니아가 들어 있는 기체로 가득 채워졌습니다. 용기 안에 물

은 있었지만 산소는 없었습니다. 태양열과 같은 상황을 만들기 위해 가열하고, 번개와 같은 상황을 만들기 위해 용기 안의 혼합 기체에 전기불꽃으로 충격을 주었습니다.

그리고 며칠이 지난 뒤 용기 안의 물을 확인했습니다. 그러자 그 결과는 매우 놀라운 것이었습니다. 물속에는 유기 혼합물로 가득했습니다.

유기 혼합물은 단백질을 구성하는 필수 요소이고 단백질이야말로 생명체를 이루는 기본 요소였기 때문입니다. 비록 그는 실험실에서 생명을 창조하지는 못했지만 생명이 탄생할 수 있는 기본적인 조건을 확인시켜준 것입니다. 이렇듯 원시 대기는 새로운 생명의 출현을 위한 최소한의 조건을 갖추고 있었던 것입니다. 원시 지구가 탄생하고 나서 오랜 시간에 걸쳐서 지구는 서서히 차가워졌습니다. 그리고 밀러가 실험한 용기 속 환경처럼 수소, 메탄, 암모니아, 수증기 등으로 이루어진 원시 대기가 지구 표면의 높은 온도, 태양의 강한 자외선 그리고 공중에서 발생하는 번개 등의 작용으로 화학반응을 일으켜 각종 생명체의 기원이 되었다고 생각되는 유기물질들이 합성되었을 것으로 생각됩니다.

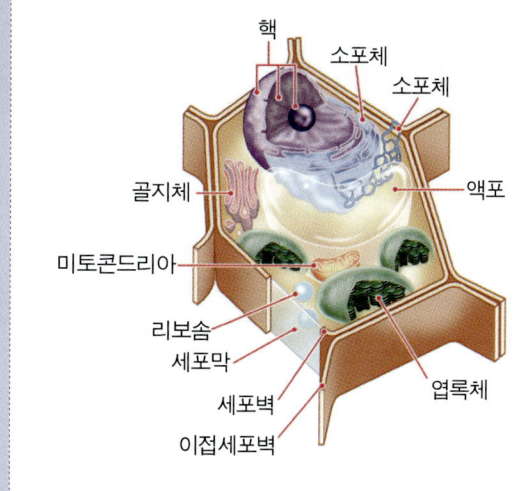

만만한 과학용어 검색

진핵세포

막으로 둘러싸인 뚜렷한 핵을 갖고 있는 세포이며, 다양한 세포 소기관을 가지고 있습니다.
핵막과 잘 발달된 염색체, 미토콘드리아, 골지체, 소포체, 리보솜 등을 갖고 있고 소기관들은 각각 특정한 업무를 수행합니다. 원핵세포의 DNA와는 달리, 진핵세포의 DNA에는 필요 없는 부분이 많이 존재합니다.

원핵세포

체세포 분열을 하는 뚜렷한 핵이나 염색체를 가지고 있지 않은 세포입니다. 핵막이 없으며 모든 세균류와 남조식물을 구성합니다.

밀러의 실험 이후 과학의 여러 분야에서 연구가 계속되었지만 아직 생명체를 창조하지는 못했습니다. 그러나 지구상에 적어도 30~35억 년 전에 이미 생명이 탄생했다는 것은 분명한 사실입니다.

who are you? 검색

스탠리 밀러의 실험
밀러의 실험은 실험실에서 가상으로 만든 원시 대기 상태에서 화학적인 변화가 있는지를 알아보는 것이었습니다. 그의 실험 결과 원시 대기는 생명과 관계가 없는 무기 화합물이 생물체들의 구성 성분이 되는 유기 화합물로 합성되기 좋은 조건이었다고 합니다.

생명의 자연발생설

생명의 씨앗은 어디에?

근대 과학 기술이 나타나기 이전까지 사람들은 썩은 고기에서 구더기가 나오는 것을 보고 생명은 스스로 발생한다고 생각했습니다. 이러한 믿음을 실험으로 보여준 사람도 있었습니다. 벨기에의 의사인 반 헬몬트는 밀과 치즈를 더러운 헝겊으로 감싸고 며칠 두고 본 다음 그곳에서 생쥐가 나타나는 것을 보여주고 생명이 자연적으로 발생한다고 주장했습니다. 이러한 생각들이 생명의 자연발생설입니다.

하지만 근대 과학이 발전하기 시작한 17세기에 들어서자 이러한 믿음에 대해 사람들은 의심하기 시작했습니다. 1668년 이탈리아의 과학자 레디는 썩은 고기를 헝겊으로 싸고 파리가 접근하지 못하게 하자 구더기가 발생하지 않는다는 것을 알았습니다. 결국, 구더기는 자연적으로 생긴 것이 아니라 파리가 알을 낳아 생긴 것이었습니다.

이러한 레디의 실험에도 불구하고 사람들은 자연발생설에 대한 믿음을 지우지 않았습니다. 그것은 현미경이 등장하면서 생쥐나 구더기는 발생하지 않지만 미생물은 자연 발생한다는 것이었습니다. 현미경이 사람들에게 보여준 것은 효모를 넣지 않은 포도주가 발효되는 과정이나 삶은 고기가 썩어가는 과정을 통해 미생물을 찾아낸 것입니다.

이러한 논쟁에 종지부를 찍은 사람은 1861년 프랑스의 미생물학자 루이 파스퇴르(1822~1897)입니다. 그는 다음 페이지의 그림과 같은 플라스크를 만들어 박테리아가 침입할 수 없게 장치했습니다. 그리고 플라스크에 영양액을 넣고 불로 가열한 후 식혀 놓았습니다. 그러자 그 안에서는 어떤 미생물도 자라지 않았습니다. 이제 사람들은 자연발생설에 대해 더 이상 미련을 두지 않았습니다.

그러나 파스퇴르의 실험에는 한 가지 문제가 남았습니다. 그의 실험에 의하면

생명은 생명에서 나와야 하는데 그렇다면 생명의 씨앗은 멀리 우주에서 와야 합니다. 하지만 우주의 환경은 생명들이 이동하기에 좋은 환경은 아닙니다. 가장 큰 문제는 아마 우주 방사선일 것입니다. 설령 그것이 가능하더라도 그 생명은 또 어디에서 온 것일까요?

이러한 문제에 대해 새롭게 주장한 사람이 바로 러시아의 생화학자 알렉산드르 이바노비치 오파린(1894~1980)이었습니다.

오파린은 1922년에 처음으로 38억 년 전 원시의 지구에서 자연 발생적으로 생명체가 탄생했다고 주장했습니다. 최초의 생명의 씨앗이 되는 코아세르베이트가 조잡하지만 세포의 형태를 갖추게 되고, 이들이 분열하면서 후에 원시 생명체로 진화하게 된다는 생명 기원설은 결국 다윈의 진화론을 생명 탄생의 순간까지 끌어올리게 됩니다. 그리고 그의 연구는 1929년 영국 런던대학의 생리학 교수인 존 홀데인(1892~1964)에 의해 계승되었습니다.

who are you? 검색

루이 파스퇴르(Louis Pasteur, 1822~1895)
프랑스의 생화학자이며 로베르트 코흐와 함께 세균학의 아버지로 불리는 사람입니다. 전염병을 연구해 각종 균을 발견했을 뿐만 아니라 예방 접종을 실시했으며, 저온 살균법, 광견병, 닭 콜레라의 백신을 발명했습니다.

생물체들의 등장

카테고리

과학 블로그 1부
- 첫 번째 수업
- 두 번째 수업
- 세 번째 수업
- 네 번째 수업
- 다섯 번째 수업

오스트레일리아의 노스폴이라는 곳에서 발견된 원핵생물의 화석은 생명체의 탄생을 증명해 주고 있습니다.

스트로마톨라이트라고 하는 이 화석에는 나무의 나이테를 연상케 하는 줄무늬가 있었습니다. 과학자들이 화석의 나이를 측정했더니 약 35억 년 전 것으로 밝혀졌습니다. 또 스트로마톨라이트가 발견된 지층에서 해저 화산이 폭발했을 때 생기는 베개 모양의 용암도 발견되었습니다. 이것은 이 화석이 발견된 노스폴 주변이 옛날에는 바다 밑이었다는 것을 말해 주고 있습니다.

과학자들이 이 발견에 관심을 가진 것은 35억 년 전부터 지구상에 존재하던 이 원시 생명체가 엽록소를 갖고 태양빛을 이용해 광합성 작용을 하고 있었기 때문입니다.

그러나 한 가지 의문이 생깁니다. 그것은 바로 원시 지구의 환경 문제입니다. 35억 년 전의 지구라면 이미 바다는 형성되었지만 바닷물은 섭씨 100°C가 넘는 고온이었을 것입니다. 그러한 환경 속에서 박테리아가 생

만만한 과학용어 검색

스트로마톨라이트

그리스어로 '바위 침대'라는 뜻이며, 나무의 나이테처럼 줄무늬가 나 있는 검붉은 암석입니다.

시아노박테리아(남조류)의 광합성 작용으로 만들어지며, 두 가지 방법으로 생성됩니다.

첫 번째 방법은 박테리아 표면에 형성되는 점질층에 물속의 부유물이 달라붙어 고정되면서 암석 모양의 물질로 덮이는 것입니다. 두 번째 방법은 광합성에 의해 탄산칼슘화 현상이 일어납니다. 이렇게 형성된 줄무늬는 계절에 따른 낮과 밤의 길이 차이 때문에 나무의 나이테 같은 모양을 만드는 것입니다.

이는 선캄브리아 시대 암석에서 가장 많이 발견되는 화석입니다. 주로 10~20억 년 전의 지층에서 볼 수 있으며, 지구 생명의 근원과 탄생의 역사를 밝힐 수 있는 중요한 자료입니다. 오늘날 오스트레일리아의 샤크 만에 있는 하메린풀에서 스트로마톨라이트가 활동하는 모습을 볼 수 있습니다.

존 번식할 수 있었을까요?

그 답을 풀기 위해 1977년에 갈라파고스 군도에서 400킬로미터 떨어진 태평양 한가운데로 떠난 심해 잠수정 하나가 있었습니다. 잠수정은 2,500미터 바닷속으로 내려갔습니다. 처음에 그 잠수정의 임무는 해저의 열수 작용을 조사하기 위해서였습니다. 부근에서 마그마가 분출하고 있었으며 물의 온도는 400°C가 넘었습니다. 물론 태양광선이 거기까지는 미치지 못하였습니다. 그런데 놀라운 것은 그 주변에 수많은 생물이 무리지

스트로마톨라이트

심해의 열수공 근처의 생물들

어 살고 있었던 것입니다. 그러한 환경에서 생물이 존재하는 것을 이상하게 생각한 조사대는 분출하는 열수를 표본으로 가지고 와서 배양해 본 결과, 그 속에 원시 박테리아가 있는 것을 발견했습니다. 이 박테리아는 분출 열수에 있는 이산화탄소와 유황을 체내로 받아들여 영양분으로 섭취

만만한 과학용어 검색

열수공
열수가 분출되는 구멍으로, 5~25도의 따뜻한 물 또는 270~380도 정도의 뜨거운 물이 지구 깊숙한 곳으로부터 나와서 바닷물 속으로 들어가는 해양 지역입니다. 이곳에서 나오는 열수는 황화물을 많이 포함하고 있습니다. 이 근처에도 심해 생명체라 하여 생물이 살고 있습니다.

마그마
깊은 지하에서 높은 온도와 압력으로 인하여 암석 등 여러 가지 물질이 녹은 것입니다.
이렇게 생성된 마그마는 내부의 수증기 압력으로 인해 점차 상승하다가 10~20킬로미터 깊이에서 마그마 고임을 이루고 지표로 분출합니다. 지표로 분출된 마그마는 용암이 되거나 굳어서 화산암이 형성됩니다.
지하 깊은 곳에서 분출되지 못한 마그마는 굳어서 심성암을 형성합니다.

하는데, 이때 생명을 유지하기 위한 화학반응을 촉진하려면 고온·고압이 필요조건이었습니다. 그리고 이런 박테리아를 먹이로 하는 다른 생물이 갖가지 먹이사슬로 생존하고 있었던 것입니다. 즉 박테리아 같은 원시 생명에게 원시 지구의 고온·고압은 결코 불편한 환경이 아니라 오히려 생존에 필요한 조건이라는 것이 밝혀진 셈입니다.

  이 발견으로 우리는 생명 탄생 이전 원시 바다에 존재하던 여러 가지 생명체의 씨앗이 있었음을 알게 되었습니다. 그 씨앗들이 생명체로 만들어지는데 필요한 조건들이 준비되고, 그것들에 의해 일어나는 다양한 화학반응으로 밀러의 실험실에서와 같은 유기 화합물이 생성된 것입니다. 그리고 그것이 차츰 박테리아와 같은 원시 생명체로 진화되었다는 가설이 오늘날 생물학자들 사이에 유력시되고 있습니다.

해저 지형

　해저 지형은 크게 대륙 주변부와 깊은 바닥인 대양저, 대양저 산맥으로 나눌 수 있으며 각 부분에는 다양한 지형 변화가 있습니다. 대륙 주변부는 해안선으로부터 깊이가 약 200미터 정도 되는 곳까지 이어지는 평탄한 지형인 대륙붕과 경사를 이루어 퇴적물이 흘러내려 가는 대륙사면, 그 퇴적물들이 두껍게 쌓여 경사가 완만해지는 대륙대로 이루어져 있습니다.

　대륙사면과 대양저가 만나는 곳에 수심 6,000미터 이상의 매우 깊고 폭이 좁은 골짜기가 있는데, 이를 해구라고 합니다. 대양저는 경사가 매우 완만한 지역으로 심해저 평원과 해산, 대양대지 등으로 이루어져 있습니다.

　대양저 산맥은 해령이라고도 하는데 전 세계 대양을 모두 연결하며, 전체 길이가 약 6만 5,000킬로미터나 됩니다. 산맥의 꼭대기에는 열곡이라 부르는 협곡이 있으며 마그마가 분출하면서 새로운 해양 지각이 형성됩니다.

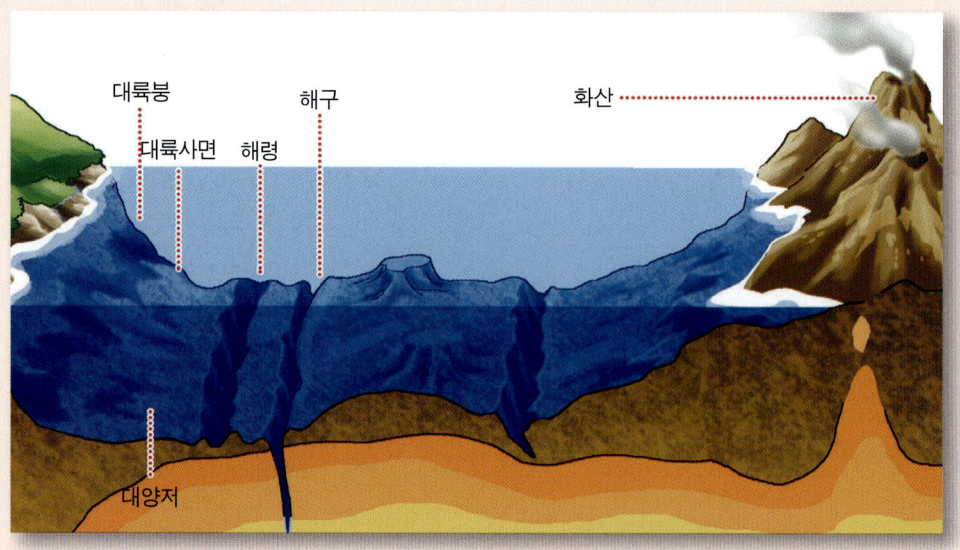

화산의 형성

땅속 깊은 곳에는 내부의 지열로 인해 온갖 암석이나 광물질들이 녹아 있는데, 이를 마그마라 하며 매우 뜨겁고 유동성이 있습니다. 이 마그마가 내부 압력이 높아지면서 지각이 약한 곳이나 갈라진 암석 틈 사이에서 가스와 함께 거세게 지상으로 분출하면 그 결과 화산이 생깁니다. 화산이 형성되는 데는 여러 가지 경우가 있습니다.

지구의 지각 조각들을 '판'이라고 하는데, 판들이 서로 당기다 보면 지각이 얇아지게 되고 그 약한 곳을 뚫고 마그마가 솟아나옵니다. 이런 화산은 주로 바다에서 생깁니다. 판들이 서로 밀다 보면 한 판이 다른 판 밑으로 밀려들어 가는데 밀려들어 간 부분이 녹아서 마그마가 되고 위에 있는 판의 갈라진 틈으로 마그마가 흘러나와 화산이 됩니다. 또한, 판과는 상관없이 마그마가 위로 솟아오르려고 하는 부분이 있는데 이곳을 열점이라 하며 이곳에서도 화산이 생성됩니다.

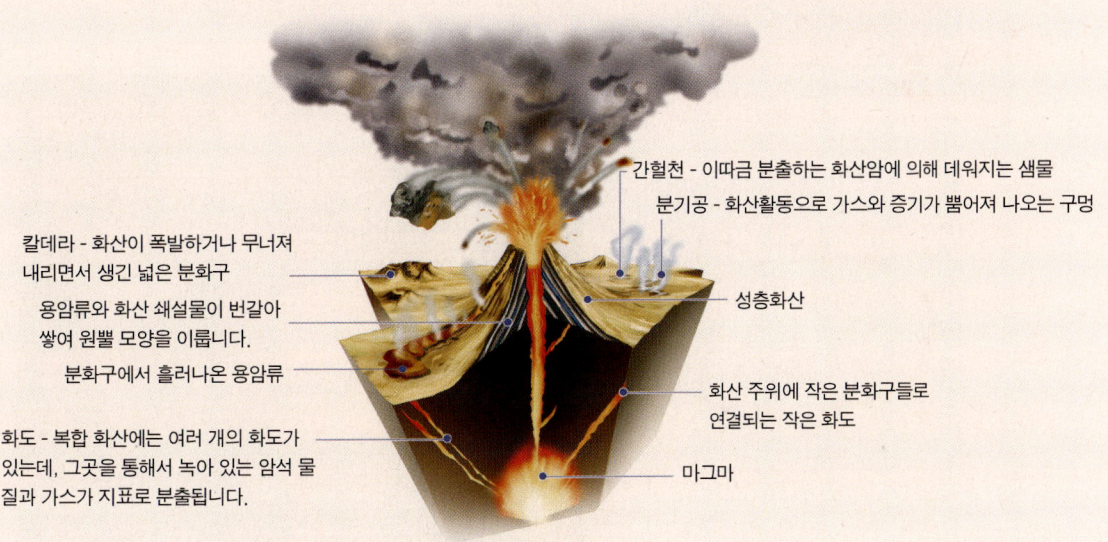

- 칼데라 - 화산이 폭발하거나 무너져 내리면서 생긴 넓은 분화구
- 용암류와 화산 쇄설물이 번갈아 쌓여 원뿔 모양을 이룹니다.
- 분화구에서 흘러나온 용암류
- 화도 - 복합 화산에는 여러 개의 화도가 있는데, 그곳을 통해서 녹아 있는 암석 물질과 가스가 지표로 분출됩니다.
- 간헐천 - 이따금 분출하는 화산암에 의해 데워지는 샘물
- 분기공 - 화산활동으로 가스와 증기가 뿜어져 나오는 구멍
- 성층화산
- 화산 주위에 작은 분화구들로 연결되는 작은 화도
- 마그마

화산섬

화산이 해수면을 뚫고 솟아오릅니다.

화산이 침식되면서 화산섬 주위에 산호가 자랍니다.

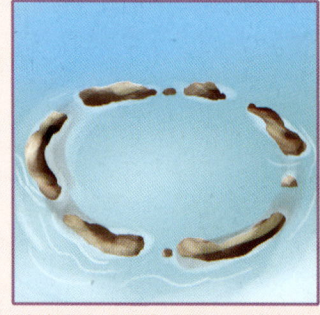

화산섬이 사라진 뒤 둥근 산호초만 남게 됩니다.

　우리나라의 제주도나 독도처럼 해저에서 화산이 분출하여 해수면 위에 생긴 섬을 화산섬이라 합니다. 대륙붕 위에서 분출한 화산섬과 심해저의 화산 활동으로 형성된 섬으로 나뉘며, 전 세계의 화산섬은 환태평양 조산대나 히말라야 알프스 조산대 같은 지각판의 경계를 따라 형성된 것과 맨틀 상승부의 열점이 나타나는 곳에 형성된 것이 있습니다.
　티라 섬, 크라카타우 섬 등은 대륙붕 위에 생겨났으며 하와이 제도, 세인트헬래나 섬 등은 심해저에 생긴 화산섬입니다. 대개 여러 섬들이 모여 있거나 줄지어 열도를 이루고 있습니다.

화산의 종류

화산은 마그마의 종류와 분화 방식에 따라 다양한 종류로 나뉩니다.

점성이 작아 마그마가 흘러 넓게 퍼져 흐르면서 방패 모양으로 나타나는 순상화산과 점성이 높아 잘 흐르지 않으면서 용암이 높게 굳어 종 모양으로 나타나는 종상화산이 있습니다.

또 각종 화산이 겹쳐 매우 복잡한 구조를 갖는 복합화산과 주로 화산 쇄설물로 이루어져 있으며 밑면적에 비해 높이가 낮고 꼭대기에 큰 화구가 있는 구상화산이 있습니다.

대규모의 화산 분출로 인해 산 정상의 일부가 날아가 버리거나 많은 양의 마그마가 뿜어져 나와 그 자리가 함몰되어 생긴 칼데라와 장기간에 걸쳐 분화가 계속 되면서 용암과 화산 쇄설물들이 번갈아 쌓인 원추화산이 있습니다.

균열화산

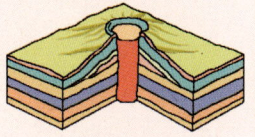
순상화산

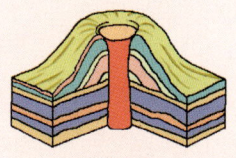
종상화산

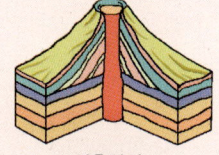
성층화산

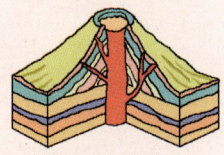
복합화산

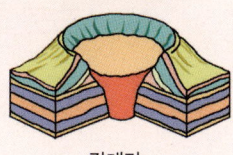
칼데라

광합성 작용

　녹색식물이 빛 에너지를 이용하여 뿌리에서 흡수한 물과 잎의 기공에서 흡수한 이산화탄소로부터 포도당과 같은 유기물을 만들어 내는 것입니다. 이때 산소도 함께 만들어집니다.

　간단히 말하면, 빛 에너지+물+이산화탄소 → 포도당+산소가 되는 것이지요.

　이것은 최종 산물만 간단히 나타낸 것인데, 실제로 광합성 과정은 매우 복잡합니다. 광합성 작용은 빛과 물을 이용하여 산소와 수소 에너지 저장 물질을 만드는 명반응, 빛 없이 에너지 저장 물질과 이산화탄소를 이용하여 포도당과 물을 만드는 암반응의 두 단계로 이루어져 있습니다. 광합성은 빛의 세기, 온도, 이산화탄소의 농도에 의해 영향을 받습니다.

　주로 녹색식물의 세포 속에 있는 엽록체에서 일어나며, 태양 에너지를 화학 에너지로 바꾸어 저장하는 작용입니다. 이렇게 얻어진 화학 에너지(유기물)는 자신의 몸을 구성하고 생장하는 등 다양한 형태로 이용되며, 호흡에 의해 분해되어 생활 에너지로 사용됩니다.

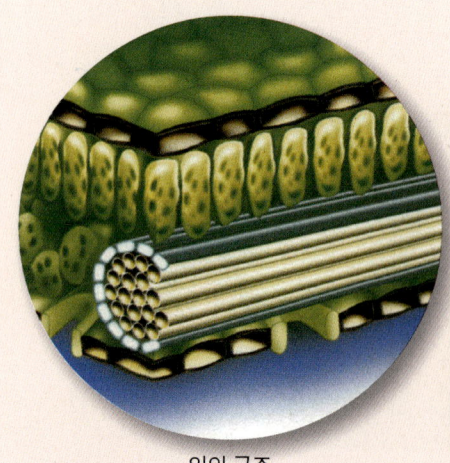

잎의 구조

식물의 광합성

2부
살아 있는 지구

01 첫 번째 수업
02 두 번째 수업
03 세 번째 수업
04 네 번째 수업
05 다섯 번째 수업

교과 연계

초등 3 | 소중한 공기
초등 4 | 지층을 찾아서
초등 5 | 화산과 암석
초등 6 | 지진
중등 2 | 지구의 역사와 지각의 변동
중등 2 | 물의 순환과 날씨 변화

지구 속 여행

01 첫 번째 수업

02 03 04 05

카테고리

과학 블로그 2부
- 첫 번째 수업
- 두 번째 수업
- 세 번째 수업
- 네 번째 수업
- 다섯 번째 수업

처음 생성되고 수십억 년 동안 지구에는 과연 어떤 변화가 있었을까요? 이번에는 지구의 변화들에 대해 알아보기로 하겠습니다.

우리가 사는 지구는 우주에서 보면 푸른색과 흰색으로 보입니다. 푸른색은 지구 표면의 3분의 2를 덮고 있는 바다이고 흰색은 대기 중의 구름입니다. 이 아름다운 지구의 내부는 겉으로 보이는 것과 너무도 다릅니다. 지각을 뚫고 들어가면 온도가 7,200도나 되는, 태양의 표면보다

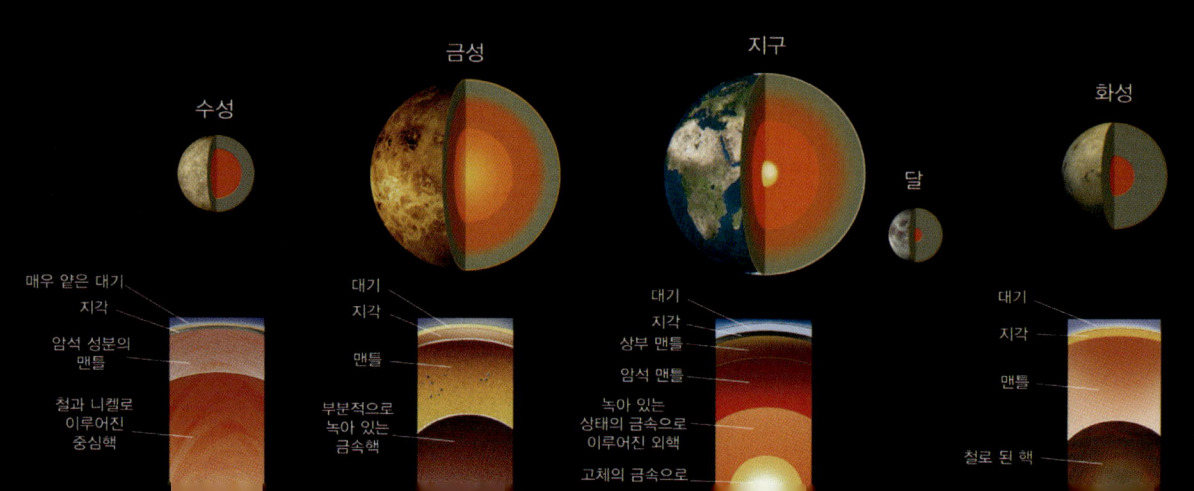

태양계 행성들의 내부 구조

더 뜨거운 부분이 나타납니다. 그리고 지구 속에는 세상에서 가장 강한 힘이 흐르고 있습니다. 그 힘은 대류를 움직이기도 하고 산을 솟아오르게도 하며, 때로는 그것을 터뜨리기도 합니다.

인류가 지구의 보이지 않는 비밀을 알게 된 것은 대부분 수백 년에 걸친 발굴 작업에 의해서입니다. 그러던 중 좀 더 지구를 자세히 들여다볼 수 있게 만든 것은 지진계라는 것을 사용하면서부터입니다.

지진계는 땅속에서 일어나는 일들을 기록해 주는데, 과학자들은 이 지진계를 이용하여 지구의 내부에 여러 개의 층이 있다는 사실을 알게 되었습니다. 바로 층이 달라질 때마다 밀도가 달라져 지진계의 기록도 달

만만한 과학용어 검색

지진계

지진계는 지진을 기록하는 기계입니다. 움직이지 않는 큰 추와 움직이는 원통으로 이루어져 있으며, 지진의 진동이 추에 달린 펜에 의해 회전하고 있는 원통 위의 종이에 기록이 됩니다.

라지는 원리 때문입니다.

　제일 위에 놓여 있는 층은 지구 표면을 덮고 있는 지각으로, 그 두께가 5킬로미터에서 50킬로미터까지 다양합니다. 지각 밑에는 맨틀이라는 것이 있는데, 상부 맨틀과 암석 맨틀로 이루어져 있습니다. 맨틀은 그 깊이가 대략 3,000킬로미터 정도입니다. 맨틀 아래에 무엇이 있는지는 20세기가 되어서야 알려지게 되었습니다.

　1906년, 영국의 지질학자인 리처드 올덤은 지진계를 관찰하던 중 새로운 사실을 발견하게 됩니다. 그것은 맨틀 안에 진동이 뚫고 지나갈 수 없을 정도로 단단한 물체가 있음을 알게 된 것입니다. 그것은 바로 용융

된 상태의 금속으로 이루어진 지구의 외핵이었습니다. 지구는 외핵과 내핵으로 이루어져 있습니다. 내핵은 지표면에 가해지는 압력보다 300만 배나 강한 금속으로 이루어진 곳입니다. 지구가 생성된 뒤 여전히 뜨거운 상태였을 때 중력의 영향으로 무거운 금속은 중심으로 가라앉아 핵을 형성하고 가벼운 금속은 그 위로 떠올랐습니다. 그러다가 지구는 서서히 식어갔지만 외핵은 아직도 녹아 있는 상태입니다. 올덤이 발견한 외핵은 철과 다른 원소들로 이루어져 있습니다. 이와 같은 외핵의 구성 물질은 전류를 일으키고 자기장을 만들어서 우주에서 오는 위험한 것들로부터 지구를 지켜주고 있습니다. 이러한 외핵의 작용을 소재로 한 영화가 만들어지기도 했습니다.

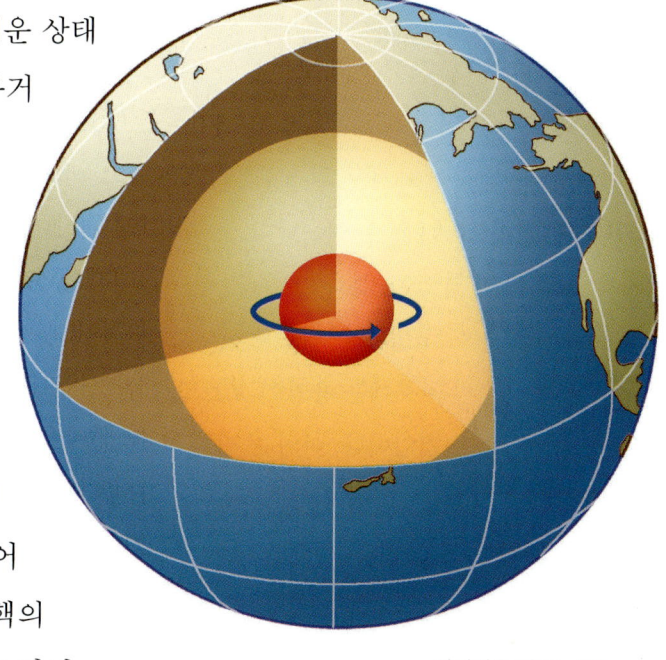

자기장을 만드는 핵

who are you? 검색

리처드 올덤(Richard Dixon Oldham, 1858~1936)

영국의 지질학자이자 지진학자로, 지구 내부에 핵이 존재한다는 사실을 발견했습니다. 올덤은 지진계를 관찰하던 중 지진계 바늘이 잠시 멈췄다가 다시 움직이는 것을 보고, 지진 기록에 3개의 지진파가 나타난 것을 확인했습니다. 또 지진파들이 지구 내부의 서로 다른 경로를 통해 다른 속도로 전달되어 왔다는 것을 증명했습니다. 올덤의 발견 후에 많은 연구가 이루어져 지구의 핵이 두 겹이라는 것이 밝혀졌습니다.

지구 중심을 지나는 구멍에 빠진다면?

지구 속 여행?

우리는 가끔 맨홀에 빠지는 우스꽝스러운 상황을 볼 때가 있습니다. 하지만 맨홀은 깊지 않아 바로 나올 수 있습니다. 하지만 지구를 관통하는 깊은 구멍이라면 어떨까요? 누가 파 놓았는지도 모르는 깊은 구멍이 학교 가는 길에 갑자기 생겼고 어느 날 등교하다 이 구멍에 실수로 빠졌다고 가정해 보세요.

우리는 지구의 깊은 곳에는 용암이 흐르고 있다고 알고 있습니다. 용암의 괴력은 모두들 알고 있을 것입니다. 아마 우리의 몸이 용암에 닿는다면 뼈도 남지 않고 모두 녹아버리고 말 것입니다. 생각만 해도 무시무시한 일입니다.

그런데 그 구멍을 만든 누군가가 고맙게도 뜨거운 용암에도 견딜 수 있는 파이프로 사방을 막아 놓았다고 가정해 보는 거예요. 사실 지구상에 그것을 견딜 수 있는 파이프는 없지만 상상 속에 그것을 그려보세요. 위험하지 않을 것입니다. 그리고 한 가지 조건이 더 있는데 공기가 문제가 될지 모르니 공기와의 마찰은 전혀 없다고 생각하세요.

이제 지구의 내부로 들어가 보는 겁니다. 그러면 한 가지 사실을 깨닫게 될 것입니다. 바로 무게라는 것인데, 지구의 중심으로 가면 우리의 몸무게는 완전히 없어지게 됩니다. 그 이유는 중력과 관련이 있습니다. 우리가 땅 위에 서 있을 때는 발밑의 땅으로만 중력이 작용해 우리의 몸을 잡아당겨 몸의 무게가 나타나

지만, 지구 중심에서는 우리를 둘러싼 모든 방향에서 당기는 힘이 작용하기 때문입니다.

즉 땅 위에 서 있을 때 지구의 중심 쪽으로 우리 몸을 끌어당기는 중력과 반대로 하늘 쪽으로 끌어당기는 힘이 있다면 우리 몸이 누르는 힘이 없어져 몸무게가 0이 되는 것과 같습니다. 지구의 중심에서도 똑같은 결과가 나타납니다(지구의 중심부는 '몸무게가 줄어들었으면' 하고 열망하는 사람들에게는 그야말로 천국이라고 할 수 있습니다).

그럼 속도는 어떨까요? 처음 구멍에 빠질 때는 중력에 의해 가속도가 붙어 점점 더 빨리 떨어지다가 지구 중심부에 다가갈수록 그 속도가 줄어들 것입니다. 왜냐하면, 우리의 몸무게가 점차 줄어들기 때문이지요. 그런데 지구의 중심부에서는 무게를 전혀 갖고 있지는 않지만 그때까지 떨어져 내리면서 발생한 엄청난 가속도로 지구의 중심을 지나쳐 반대쪽으로 넘어가게 됩니다. 이제는 지구의 중심이 우리가 지나온 쪽에 놓이게 되면서 점차 속력이 떨어지게 됩니다.

그리고 어느 한 지점에서 잠시 멈추었다가 왔던 길로 다시 떨어져 내려가게 될 것입니다. 이와 같이 계속해서 떨어지다가 처음에 출발했던 곳으로 다시 되돌아가고, 그곳에서 앞의 과정을 또다시 되풀이하게 될 것입니다. 이런 과정이 끊임없이 계속될 것입니다.

그리고 앞에서 공기의 마찰이 없다고 가정했는데 실제로는 공기의 마찰로 발생하는 효과를 무시할 수 없습니다. 따라서 공기가 있다면 지구의 중심부를 지나쳐 미끄러져 가다가 반대쪽 끝에 도달하기도 전에 중력의 영향으로 다시 떨어져 내리기 시작할 것입니다.

그리고 공기의 마찰로 점차 속도가 줄어들게 될 것입니다. 결국, 우리는 지구의 한 중심에 멈춰 서게 됩니다.

지진파

지구 내부에서 일어난 급격한 변동으로 생성된 에너지가 파동으로 변하여 사방으로 퍼져 나가는데, 그것이 지진파입니다.

지진파는 크게 P파, S파, L파 세 가지로 나누어집니다.

P파(Primary Wave)는 지진계에 가장 먼저 도달하고 그림에서 빨간색으로 표시된 것입니다. 진폭과 파장이 작은 파로서 파의 진행 방향이 파의 진동 방향과 평행하며 고체, 액체, 기체를 모두 통과하여 피해가 비교적 적은 편입니다.

S파(Secondary Wave)는 P파 이후에 도달하고 진폭과 파장이 P파보다 크며 파의 진행 방향과 매질의 진동 방향이 서로 직각입니다. 그리고 고체만 통과할 수 있으며 우리에게 큰 피해를 줍니다. S파는 알파벳의 S자 모양처럼 구불구불하게 좌우로 진동하며 나아갑니다. 그림에서는 파란색으로 표시된 것입니다.

L파(Long Wave)는 주로 지표면을 따라 전파되는 표면파로 레일리파와 러브파로 나누어지는데, 진폭이 크므로 지진 발생 시 인명과 재산상의 막대한 피해를 주게 됩니다.

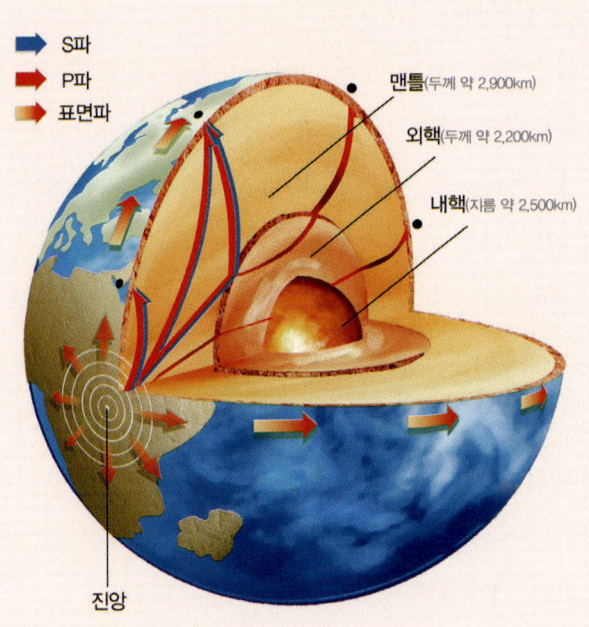

대륙의 이동

이제 핵의 바깥을 감싸고 있으면서 지표에 영향을 미치는 맨틀에 대해 살펴보겠습니다. 우리 지구의 바다와 대륙은 물 위에 기름이 떠 있는 것처럼 맨틀 위에 떠 있습니다.

맨틀에 대한 신기하고 재미있는 이야기는 1911년 독일의 한 도서관에서 시작됩니다. 그곳에서 책을 읽고 있던 기상학자 알프레드 베게너는 대서양 건너편 아메리카 대륙에서 발견된 동물과 식물의 화석 그림에서 무언가 이상한 점을 발견하게 되었습니다. 베게너의 호기심을 자극한 것은 어떻게 멀리 떨어진 대륙에 같은 종류의 동물들이 살고 있는 것일까 하는 점이었습니다. 그러다가 그는 남미 대륙의 해안선과 아프리카 대륙의 서쪽 해안선이 정확하게 맞아떨어진다는 사실을 알게 되었습니다. 그리고 동아프리카의 육지 포유류가 마다가스카르 섬에 살고 있다는 것도 알게 되었습니다. 자료를 찾아 나갈수록 잇따라 새로운 사실들이 드러났습니다. 어떻게 수백 킬로미터 떨어진 곳에서 같은 동물이 같은 방향으로 진화할 수 있을까? 설마 그 먼바다를 헤엄쳐 건넌 것일까?

그때 베게너의 머릿속에 하나의 생각이 떠올랐습니다. 그것은 세계의 모든 대륙이 원래는 하나의 거대한 땅덩어리였다는 것입니다. 그는 그 원시 대륙을 '판게아'라고 부르기로 했습니다. 이것은 그리스어로 '모든 땅덩어리'라는 뜻입니다. 수억 년 전 이 거대 대륙에 살던 동물들은 땅들이 퍼즐 조각처럼 나뉘어 갈라져 떠다니다가 지금의 위치에 자리 잡게 되면서 서로 다른 지역에서 살게 된 것입니다. 베게너는 이것을 '대륙이동설'이라고 불렀습니다. 당시

who are you? 검색

알프레드 베게너(Alfred Lothar Wegener, 1880~1930)

독일의 지구물리학자이자 기상학자입니다.
원래 기상학 전문가로 기구를 사용한 고층 기상관측기술의 선구자였는데, 그가 주장했던 대륙이동설이 증명되면서 기상학보다 지질학 분야의 판이론의 선구자로 더 유명해졌습니다.
1912년에 현재 지구 표면의 형태에 관한 대륙이동설을 발표하였으며, 그 당시 대륙이동설을 증명해내지 못해 제대로 평가받지 못하고 비판만 받았습니다.
청년 시절부터 자신의 대륙이동설을 증명하기 위해 열정적으로 탐험 조사를 다녔는데 1930년, 그린란드 탐험을 하고 돌아오는 길에 소식이 끊겼습니다.

만만한 과학용어 검색

지금의 대륙으로 갈라지기 전의 초대륙

판게아

약 2억 5,000만 년 전인 고생대와 중생대에 지구 상에 있었던 것으로 알려져 있는 초대륙의 이름입니다. 1915년, 대륙이동설을 주장한 베게너에 의해 제안되었습니다. 3억 년 전에 대륙이 뭉쳐 판게아 대륙이 만들어졌고 애팔래치아, 우랄, 아틀라스 산맥이 생겨났습니다. 대륙을 둘러싼 바다의 이름은 판탈라사 해이며, 판게아는 적도에 걸쳐 C자 모양으로 굽어 있는데 그 안쪽 바다를 테티스 해라고 합니다. 초기 대륙의 이름은 30억 년 전 초대륙 우르(Ur), 25억 년 전 케놀랜드(Kenorland), 18억 년 전 컬럼비아(Columbia) 혹은 누나(Nuna), 8~10억 년 전 로디니아(Rodinia)였으며 판게아를 거쳐 1억 8,000만 년 전 쥐라기에 남쪽의 곤드와나, 북쪽의 로라시아로 나누어졌습니다. 판게아 당시에는 맨 위부터 유라시아, 북아메리카, 남아메리카, 아프리카, 인도, 남극, 오스트레일리아 순으로 대륙이 구성되어 있습니다.

에는 증명할 방법이 없어 사람들을 설득하는 데는 실패했지만 지금은 그의 이론이 사실로 받아들여지고 있습니다.

  지구의 맨틀은 비록 고체이기는 하지만 높은 압력과 온도에서는 물처럼 흐르게 됩니다. 냄비에 물을 끓일 때 물이 아래위로 움직이는 것처럼 핵으로부터 열을 전달 받은 맨틀은 지표 쪽으로 올라갔다가 다시 내려갑니다. 이러한 현상을 대류라고 하는데, 이러한 맨틀의 움직임에 따라 지구의 표면도 서서히 이동하게 됩니다.

대륙이동설

대륙이동설은 독일의 기상학자인 알프레드 베게너가 1912년경에 제안한 가설입니다.

그가 등장하기 전까지만 해도 당시의 지질학자들은 검증되지 않았지만 대륙들이 안정되어 있다는 사실에 공감하고 있었습니다. 그런데 17세기에 프랜시스 베이컨을 필두로 하여 대륙안정설에 의심을 품어 온 여러 과학자들에 의해 19세기 초에 들어서자 '점진주의 가설'이 점차 우세해지다가, 1912년 드디어 베게너에 이르러 '대륙이동설'이 공표됨으로써 지구의 대륙들이 오랜 과거에는 한 덩어리로 붙어 있다가 여러 대륙으로 분리되었다는 주장이 지질학자들 사이에서는 큰 이슈가 되었습니다. 그것은 당시의 상식으로는 도저히 생각해낼 수 없는 기발한 세계상을 그리고 있습니다.

그에 의하면 아메리카 대륙과 아프리카, 유럽 대륙은 원래 하나의 거대한 대

연구실의 알프레드 베게너

륙이었다고 합니다. 이러한 초대륙을 판게아라고 하고 북쪽을 러시아 대륙, 남쪽을 곤드와나라고 부릅니다. 그뿐만 아니라 대륙이동설은 인도, 오스트레일리아, 남극 등의 대륙까지도 서로 연결되어 있었다고 주장하고 있습니다. 즉 전 세계는 하나의 거대 대륙과 그것을 둘러싼 바다로 이루어져 있었지만 오랜 세월이 흐르는 동안 분열하여 현재의 세계가 만들어졌다는 것이 바로 대륙이동설입니다.

　1910년 베게너가 약혼녀에게 보낸 편지 중에서 "남아메리카의 동부 해안이 아프리카 서부 해안과 정확하게 들어맞지 않아? 마치 한때 붙어 있기라도 했듯이 말이야."라는 구절에서 대륙이동설의 첫 발상을 엿볼 수 있습니다. 이는 현재의 세계 지도를 자세히 살펴보면 쉽게 이해할 수 있습니다. 베게너는 이에 착안하여 대담하게 새로운 설을 제창한 것입니다. 마치 그림 맞추기 퍼즐과 같은 것이라고 할 수 있습니다. 그 후 베게너는 1912년, 어느 강의에서 대륙이동설을

처음으로 발표하였습니다.

또한, 베게너는 1915년에 《대륙과 대양의 기원》이라는 책을 통해 약 200만 년 전 지구는 하나의 대륙, 즉 '판게아'라고 불리는 원시 대륙으로 이루어져 있다가 1억 년 전쯤 백악기에 대륙이 분리되기 시작하여 아메리카 대륙이 유라시아와 아프리카 대륙으로부터 분리되었으며 인도 대륙이 아프리카에서 분리되어 아시아 대륙과 합쳐졌다고 주장했습니다.

그러나 유감스럽게도 당시 그는 대륙이동설에 대한 확실한 증거를 찾아내지 못했습니다. 남미, 아프리카 양 대륙에서 동일한 종류의 고대 생물의 화석이 발견되었다는 것 등으로 이것이 대륙이 연결되어 있던 증거라고 주장했지만 그것도 결국은 결정적인 것이 되지 못하고 흐지부지 끝나 버렸습니다.

대륙이동설은 1920년대 말까지 활발하게 논의되었지만 그 후 1930년대에는 거의 잊혀졌다가 고지자기학(古地磁氣學) 덕분에 1950년대 말에 새롭게 되살아나 오늘에 이르고 있습니다.

위성으로 본 오늘날의 대륙의 모습

대류

액체나 기체를 통틀어 유체라고 하는데, 가열된 유체가 위아래로 뒤바뀌며 이동하면서 열이 전달되는 현상을 말합니다.

유체가 열을 얻으면 부피가 커지고 가벼워져서 위로 올라갑니다. 위로 올라간 물질은 차가워져서 다시 아래로 내려오게 됩니다. 그리고 내려온 물질은 다시 열을 얻어 위로 올라가는데, 이러한 과정이 반복되면서 열이 전달되어 전체의 온도가 같아지게 됩니다.

에어컨 바람은 위에서 나오게 하고 난로는 아래쪽에 놓는 이유는 대류 현상에 의해 열을 쉽게 전달하기 위해서입니다. 찬바람이 위에서 나오면 무거운 찬 공기는 밑으로 내려와 전체를 시원하게 해줍니다. 반대로 난로의 따뜻한 공기는 위로 올라가 전체를 따뜻하게 해줍니다.

이러한 대류 현상은 지구 전체에서도 일어나고 있으며 바다, 하늘에 영향을 미쳐 열의 이동이나 바람의 이동 같은 기상 현상이 일어나게 합니다.

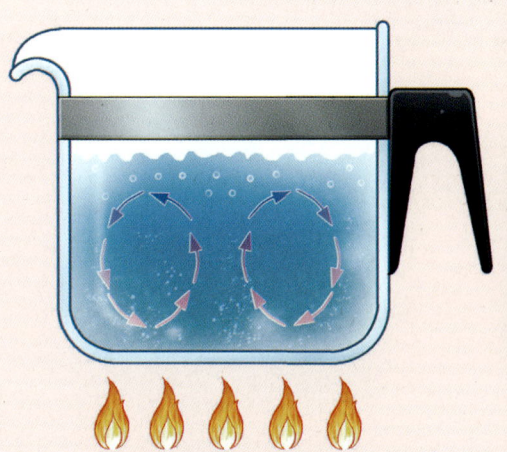
가열된 물의 대류 운동

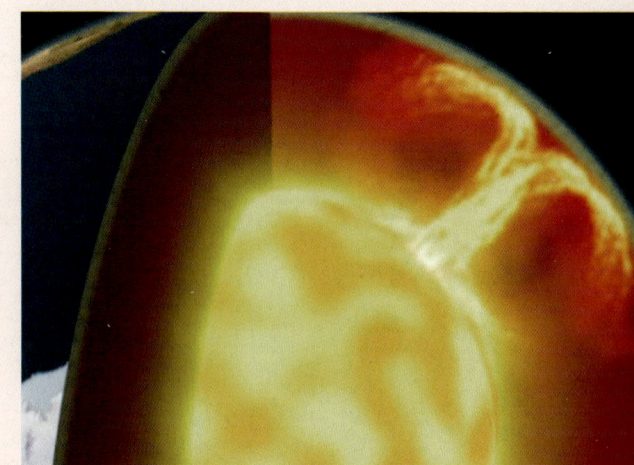
지구 내부 맨틀의 대류 운동

 ## 히말라야 산맥의 형성

　남반구의 곤드와나 대륙에서 분리된 인도 대륙이 북쪽으로 이동하면서 대략 3,000만 년 전 유라시아 대륙과 충돌하여 두꺼운 퇴적 지층이 솟아올라 복잡한 습곡과 단층이 생기게 되었고, 이에 따라 높고 험준한 히말라야 산맥을 형성하였습니다. 퇴적층이 융기하여 형성되었기 때문에 산지를 이루는 지층의 퇴적층 속에는 바다에서 살았던 암모나이트 등의 화석들이 발견되고 있습니다. 히말라야 산맥처럼 대륙 지각끼리 서로 충돌하여 생긴 것으로는 애팔래치아 산맥이 있으며, 대륙 지각과 해양 지각이 충돌하여 생긴 것으로는 안데스 산맥이 있습니다. 또 해양 지각과 해양 지각이 충돌하여 일본 열도가 형성되었습니다.

대륙의 이동으로 이루어진 에베레스트 산

대륙을 이동시킨 맨틀

    지각 밑에 있는 맨틀은 유동성 고체인데, 고온의 지구 중심핵으로부터 열을 받아 밀도가 작아지면서 위로 올라가게 됩니다. 이로써 맨틀의 상층과 하층 사이의 온도 차에 의해 맨틀 전체가 서서히 아래위로 움직이는 맨틀의 대류 현상이 일어납니다. 이 현상으로 대륙 이동의 원동력을 설명할 수 있습니다. 맨틀의 대류로 인하여 판의 경계부에서 여러 가지 지질학적 현상이 일어납니다.
    맨틀 대류의 상승부에서는 새로운 해양의 형성으로 중앙 해령과 열곡이 나타납니다.
    그리고 하강부에서는 해양판이 대륙판 아래로 파고들어 가면서 열이 발생하여 화산 활동이 나타나 깊은 해구가 형성됩니다. 또한, 맨틀 대류로 인하여 열점이 이동하게 됩니다.

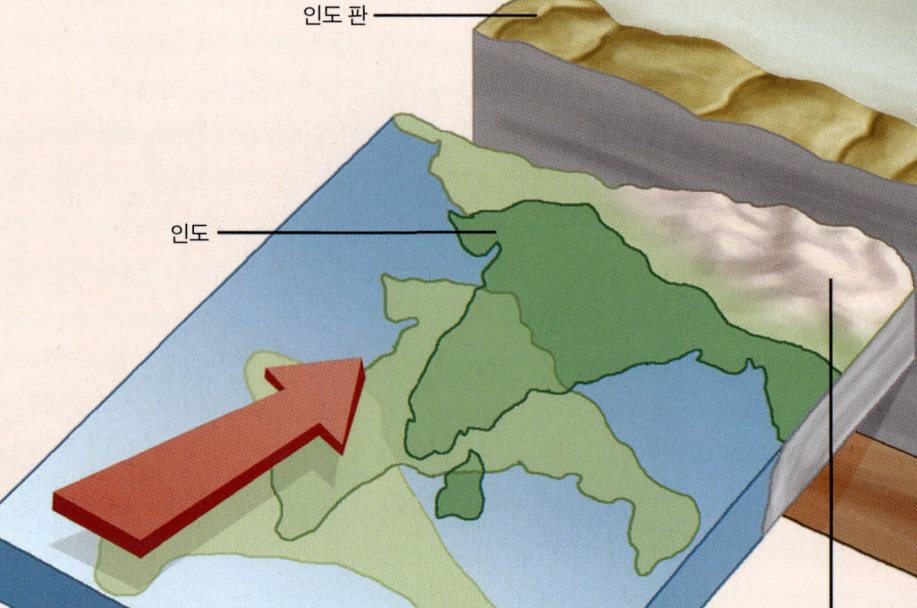

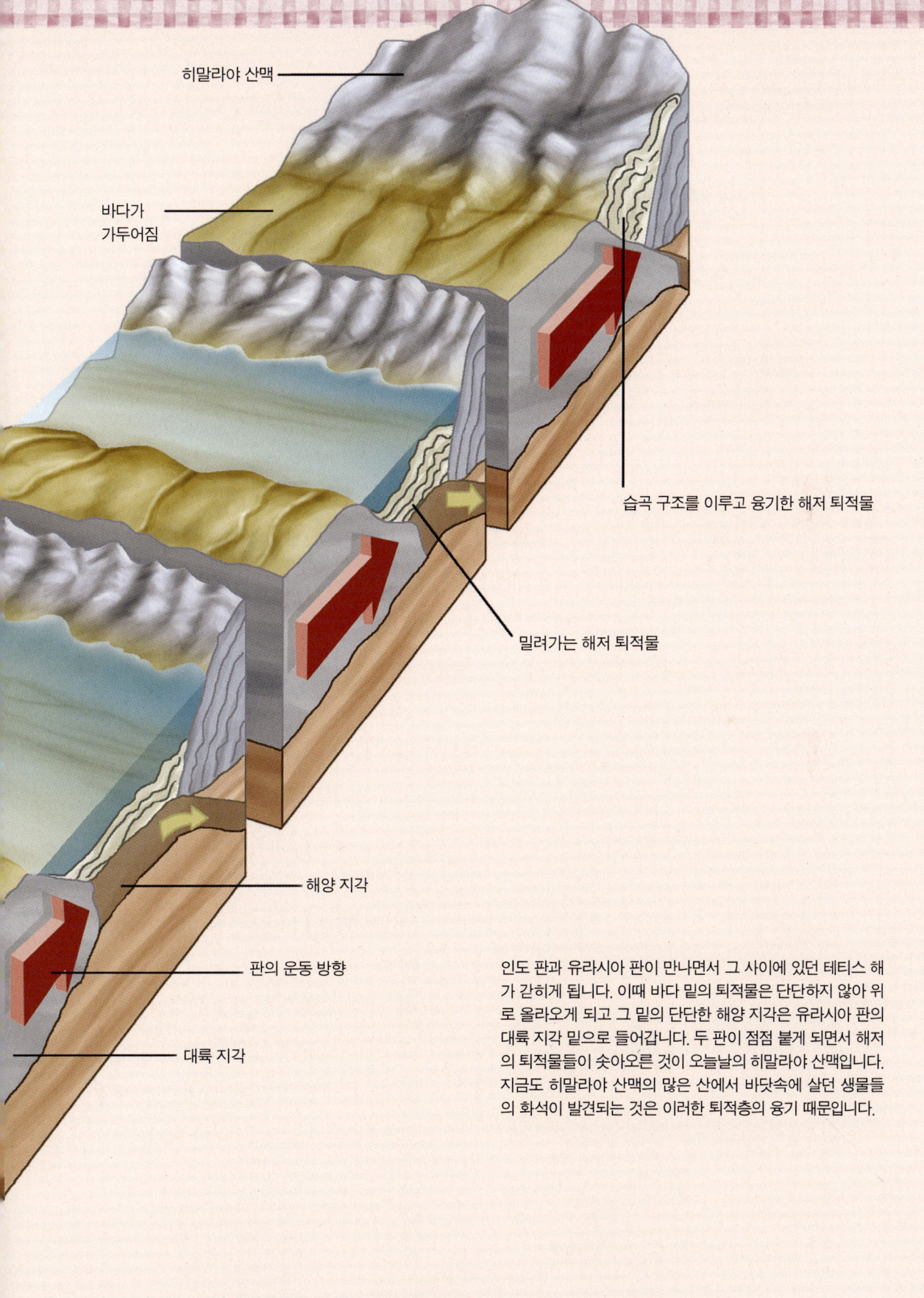

인도 판과 유라시아 판이 만나면서 그 사이에 있던 테티스 해가 갇히게 됩니다. 이때 바다 밑의 퇴적물은 단단하지 않아 위로 올라오게 되고 그 밑의 단단한 해양 지각은 유라시아 판의 대륙 지각 밑으로 들어갑니다. 두 판이 점점 붙게 되면서 해저의 퇴적물들이 솟아오른 것이 오늘날의 히말라야 산맥입니다. 지금도 히말라야 산맥의 많은 산에서 바닷속에 살던 생물들의 화석이 발견되는 것은 이러한 퇴적층의 융기 때문입니다.

바다 밑이 움직인다?

03 세 번째 수업

카테고리

과학 블로그 2부
- 첫 번째 수업
- 두 번째 수업
- **세 번째 수업**
- 네 번째 수업
- 다섯 번째 수업

대류이 움직인다는 베게너의 주장은 오랫동안 세상에 나오지 못했습니다. 그러다 그의 주장에 대해 다시 주목하게 된 것은 해저에서 뜻밖의 것이 발견된 후였습니다. 그 발견은 미국 프린스턴 대학 교수 출신인 해군 함정 지휘관 해리 헤스에 의해서였습니다.

헤스는 잠수함으로 해저의 지형을 살피다가 이전의 과학자들이 생각한 것처럼 바다 밑은 평평한 상태가 아니라 육지처럼 산맥이 있다는 것을 알게 된 것입니다. 그것은 해령이라고 불리는 곳입니다. 이 산맥은 지구의 대양을 가로질러 연결되어 있습니다. 그리고 그 위에 연결된 점처럼 화산들이 놓여 있습니다. 이 화산들에서 치약이 나오듯 맨틀에 있던 용암이 흘러나와 차가운 바닷물에 의해 베개 모양으로 응고됩니다. 그리고 원래 그곳에 있던 해양 지각이 새로운 지각에게 자리를 내주고 해령의 바깥쪽으로 밀려나게 됩니다. 그

만만한 과학용어 검색

해령(海嶺)
해저에 형성되어 있는 좁고 긴 산맥으로 태평양, 대서양, 인도양 및 북극해까지 연결되어 있습니다. 중앙 해령에서 화산이나 지진이 많이 일어납니다.

리고 해령의 중앙에는 새로이 생긴 용암에 의한 골짜기가 생겨나는데 이것을 열곡이라고 부릅니다. 그리고 우리가 바다에서 보는 깊은 골짜기인 해구도 이때 생기게 됩니다. 이것은 밀려난 해양 지각이 대륙의 지각과 충돌해 해양 지각이 대륙 지각의 밑으로 파고들어 가면서 발생합니다. 헤스는 이것을 '해저확장설'이라고 불렀습니다. 2억 년 전에 베게너가 말한 판게아의 남쪽

만만한 과학용어 검색

열곡(裂谷)
해저 산맥인 해령의 중심축을 따라 발달한 V자형의 긴 골짜기입니다. 이곳에서 마그마가 분출되면서 새로운 해양 지각이 생성됩니다.

해구(海溝)
움푹하게 들어간 좁고 긴 골짜기로 대륙의 가장자리에 형성되어 있습니다. 대부분 태평양에 분포하고 있으며 지진대와 거의 일치하여 지각 운동이 활발하게 일어나는 곳입니다.

곤드와나 대륙
남반구의 대륙들인 남아메리카·아프리카·인도·오스트레일리아·남극대륙이 전에는 하나의 대륙이었으며, 이 대륙을 곤드와나라고 부릅니다.

로라시아 대륙
북아메리카·유럽·아시아를 포함한 적도를 중심으로 북반구에 위치한 원시의 대륙입니다. 남아프리카의 지질학자인 뒤투아(Du Toit A)에 주장에 따르면, 테티스 해를 사이에 두고 북반구의 로라시아 대륙과 남반구의 곤드와나 대륙으로 나뉜다고 합니다.

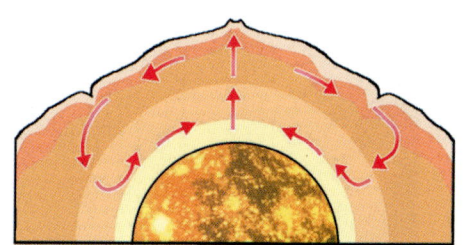

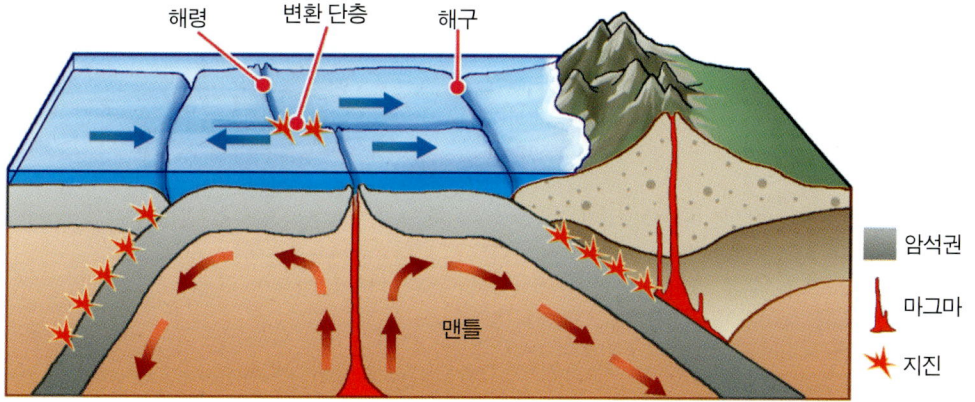

who are you? 검색

해리 헤스(Herry Hess, 1906~1969)

미국 프린스턴 대학교수 출신이며, 해군 함정 지휘관입니다.
평가를 받지 못한 채 묻혀 있던 베게너의 대륙이동설을 다시 끄집어내어 1953년, 중앙 해령 사이에서 발견된 열곡을 바탕으로 증명해 내었습니다.
또한, 대양 아래의 해저 산맥에서 새로운 해양 지각이 계속 생성되어 해저가 확장되고 있다는 해저 확장설을 내놓았습니다. 해저 확장설의 증거가 여기저기서 관측되었고 이것이 발전하여 판구조론의 중심이 되었습니다.

대륙인 곤드와나라는 대륙과 북쪽 대륙인 로라시아라는 대륙이 나뉘게 되고, 이 두 대륙이 다시 몇 개로 갈라졌는데, 갈라진 대륙들은 헤스가 발견한 해저 확장에 의해 서로 떨어져 나가게 됩니다. 해리 헤스의 주장이 나옴으로써 베게너가 말한 대륙의 판들이 움직이는 것을 설명해 주는 이론은 홈즈의 대류이론과 함께 모양이 갖추어졌습니다.

해령은 맨틀 대류가 상승할 때 고온의 현무암질 마그마가 분출하면서 새로운 해양 지각을 형성하는 해저 산맥입니다. 이것은 판과 판이 분리되어 서로 멀어지는 곳에서 형성됩니다. 이러한 해령으로는 대서양 중앙해령, 동태평양 해령이 있습니다. 해구는 맨틀 대류가 하강하는 곳인데, 밀도가 큰 해양판이 밀도가 작은 대륙판 아래로 섭입하여 소멸되는 곳입니다. 이러한 해구는 우리나라와 가까운 일본해구와 알류산 해구 등이 있습니다.

해저 지형은 해령과 해구, 변환 단층과 같이 육지와 다른 특징적인 구조가 나타납니다. 그래서 이런 지질 현상을 설명하기 위해 맨틀대류설을 포괄하는 해저확장설이 제안되었습니다. 이것은 새로운 해양 지각이 계속 생성되어 양쪽으로 이동하다가 해구에 이르러 침강하여 다시 지구 내부로 소멸한다는 것입니다. 해저확장설을 쉽게 생각하면 가운데서 만들어져서 양쪽으로 밀려나 결국 해구에서 소멸된다는 뜻입니다. 대륙이동설, 판구조론, 해저확장설은 모두 우리 지구의 표면이 움직인다는 것을 설명하는 이론입니다.

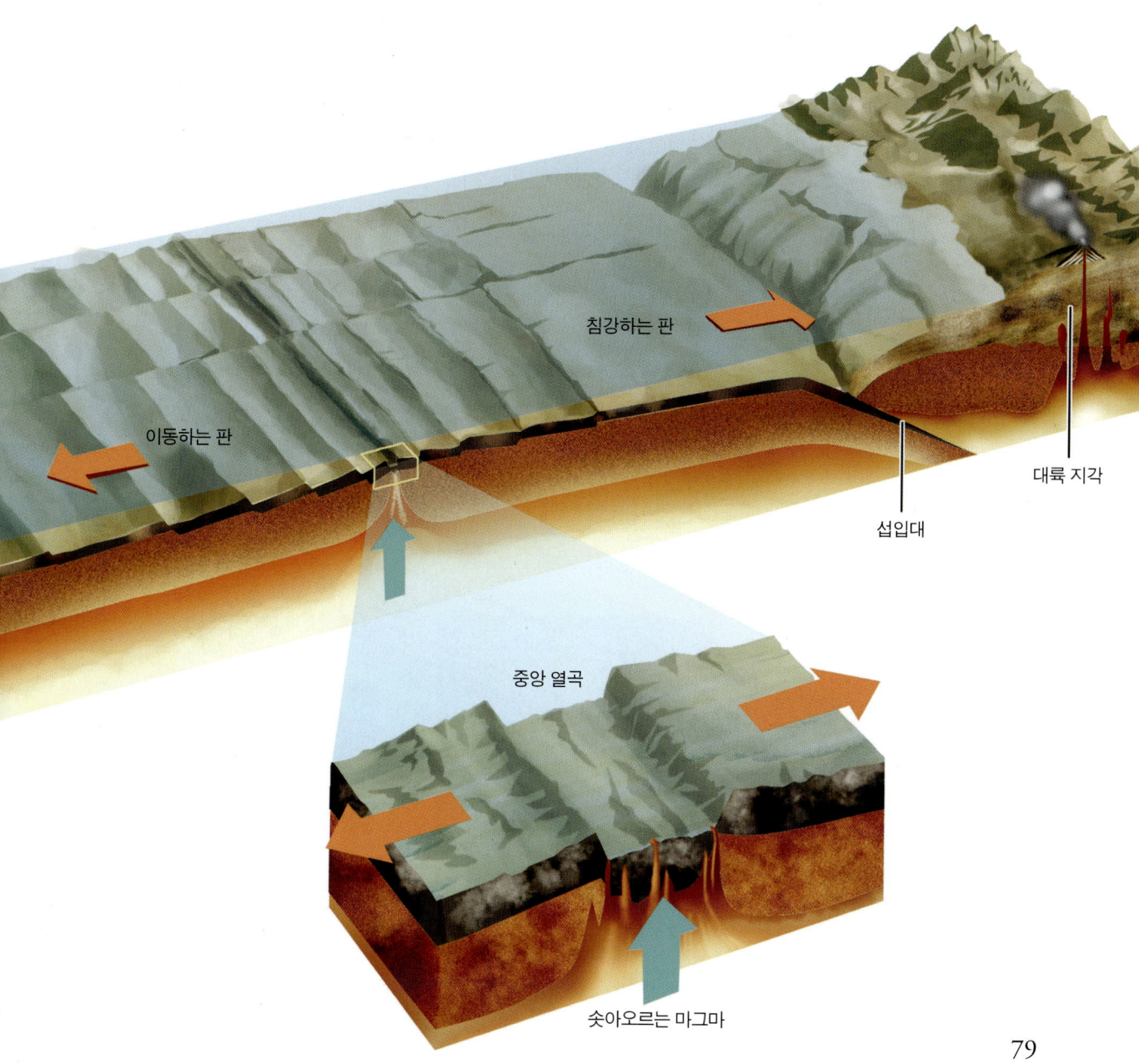

해저 탐사는 어떻게?

해저에 대한 탐사와 관측 기술은 날로 발전하고 있으며, 현재는 인공위성에 의한 원격 탐사 기술 등 첨단 탐사 기술이 연구에 활용되고 있습니다. 해저 탐사에는 해양조사선을 비롯하여 여러 가지 해양 관측 장비들과 인공위성에 의한 원격 탐사, 수중음향 기술 등이 쓰입니다.

해양조사선은 해양을 관측, 조사하는 주체이며 음향기기, 정밀관측기 등의 첨단 장비가 구비되어 있습니다. 목적별로 기상관측선, 수로측정선, 지질조사선, 어업조사선, 극지관측선으로 나누어지며 다목적 연구조사선도 있습니다. 인공위성에서 보내온 영상을 통하여 광범위한 해역의 수온과 생물의 생산력을 추정할 수 있으며, 해양 순환에 큰 영향력을 행사하는 해면의 바람을 정확하게 추정하거나 바다 표면의 높이를 측정하여 해류의 분포를 파악하고 해저 면의 형태를 파악하는 데도 사용됩니다. 그리고 수중 음향 기술과 영상 시스템을 이용하여 해저 지형 및 해저 면 상태를 2, 3차원적으로 파악할 수 있습니다.

추 이용하기

무인 잠수정 이용하기

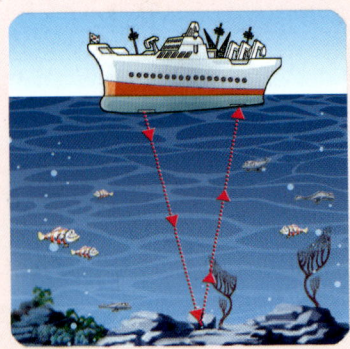
초음파 이용하기

잠수함의 원리

　잠수함은 부력의 원리를 이용하여 물속에서 이동합니다. 부력은 쉽게 말해 물에 뜨려는 힘을 말합니다. 부력의 원리란 부력이 물체의 무게보다 크면 물체는 물에 뜨고 부력이 물체의 무게보다 작으면 가라앉게 되는 것입니다.

　잠수함은 물고기처럼 자기 몸의 부피를 스스로 조절할 수 없기 때문에 잠수함의 옆면에 이중으로 만든 탱크 속의 물의 양을 조절하여 물속에 가라앉고 뜹니다. 잠수함이 뜰 때는 펌프로 탱크 속의 물을 밖으로 빼내야 하는데, 만약 펌프로 물을 배출할 수 없을 만큼 수압이 높으면 잠수함은 떠오를 수 없기 때문에 잠수함이 다닐 수 있는 깊이에는 한계가 있습니다.

　잠수함은 탱크 외에도 강력한 펌프와 여러 가지 특수한 장비와 구조를 갖추고 있으며, 깊은 물 속에서 상하 좌우로 가해지는 높은 수압에 견뎌야 하므로 강한 선체가 필요합니다.

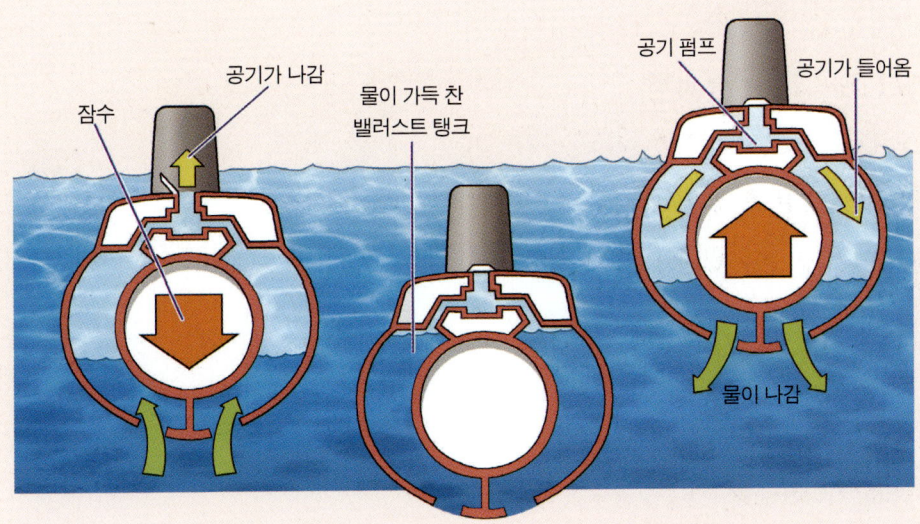

쓰나미는 왜?

　2004년 인도네시아의 수마트라 섬에서 리히터 규모 8.5의 지진이 일어난 적이 있습니다. 그 지진으로 발생한 쓰나미는 총 사망자만 16만 명에 이르는 큰 피해를 입혔습니다. 이러한 피해를 가져온 쓰나미는 지진해일을 일컫는 말인데, 쓰나미의 '쓰'는 일본어로 해안을 뜻하고 여기에 파도를 뜻하는 '나미'라는 말이 합쳐진 것입니다.

　지진해일은 큰 지진이 일어나거나 화산이 폭발할 때 생기는데 이로 말미암아 큰 파도가 생겨 육지까지 영향을 주는 자연 현상입니다. 이러한 현상은 지각 활동으로 생긴 지진에 의해 바다 밑바닥이 푹 꺼지거나 반대로 위로 솟구치면서 파도를 일으켜 생기는 것입니다.

지구는 거대한 자석

04 네 번째 수업

카테고리

과학 블로그 2부
- 첫 번째 수업
- 두 번째 수업
- 세 번째 수업
- **네 번째 수업**
- 다섯 번째 수업

　이러한 지구의 생명을 보여주는 또 하나의 중요한 발견이 있습니다. 그것은 지구의 자기장에 대한 것입니다.

　앞에서도 설명한 대로 지구의 자기장은 우주로부터 오는 위험한 것들을 막아 지구의 생명을 지켜주는 중요한 역할을 하고 있습니다. 이 자기장을 만들어 내는 것은 지구 깊숙한 내부에 위치한 외핵입니다. 외핵 속에 녹아 있는 금속은 천천히 움직이고 있습니다. 이 움직임으로 인해 발생한 전류가 지구의 자기장을 만드는 것입니다. 자기장을 보면 지구 내부에 거대한 막대자석이 존재하는 것처럼 보입니다. 자기장은 우주 공간으로 뻗어나가 지구 주위를 감싸, 태

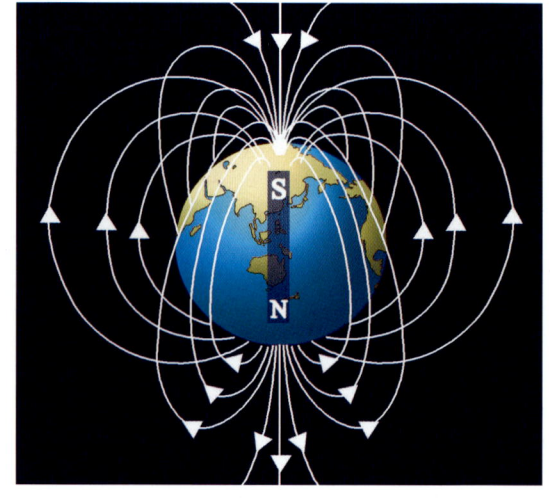

양으로부터 날아오는 입자들을 굴절시켜 해로운 방사선으로부터 우리를 보호해 줍니다. 이 외핵에서 생성된 자기장은 커다란 변화를 겪지만, 대부분은 맨틀에 흡수됩니다.

이러한 자기장에 대해 프랑스의 지질학자인 베르나르 부르네스는 놀라운 발견을 하게 됩니다. 지구 내부 깊은 곳의

화산에서 분출된 용암
광물질이 포함된 용암은 밖으로 분출되어 식으면서 그 안의 금속 입자들 때문에 지구의 자기장을 따라 일정한 모양을 갖게 됩니다. 그것은 흡사 나침반이 작용하는 것과 같습니다. 이러한 식은 용암은 지구의 자기장이 어떻게 작용하는지를 보여줍니다.

광물질을 포함한 용암이 화산 활동으로 분출되어 서서히 식으면서 용암 안에 들어 있는 금속 입자들 때문에 지구 자기장을 따라 일정한 모양을 만들게 됩니다. 그것은 흡사 나침반이 반응하는 것과 같습니다. 그런데 부르네스는 금속 입자를 지닌 용암석 중에 지구의 자기 방향과 반대 방향으로 작용한 것을 발견했습니다. 나침반의 바늘도 남과 북이 바뀌

who are you? 검색

베르나르 부르네스

프랑스의 지질학자로, 1906년에 프랑스 중구에서 화산 활동으로 생긴 바위의 모양을 관찰했습니다. 화산에서 나온 용암은 지구 내부의 광물질이 포함된 금속 입자들 때문에 지구의 자기장을 따라 일정한 모양을 만들게 됩니다. 이렇게 굳은 용암들은 지구의 자기장에 어떻게 작용하는지 잘 알려주는데, 철 입자를 지닌 용암석 중 지구의 자기장과 반대 방향으로 작용하는 것을 발견했습니다. 나침반의 방향이 남과 북을 바꾸어 가리키고 있었습니다. 부르네스는 과거의 어느 시점에 지구의 자기장이 현재의 자기장과 반대로 작용한 적이 있다는 것을 발견한 것이지요.

어 있었습니다.

이로써 부르네스는 지구의 자기 방향이 과거의 어느 시점에 지금의 자기 방향과는 반대로 작용한 적이 있다는 사실을 깨달았습니다. 그리고 과학자들은 지난 2,000만 년 동안 무려 60번이나 자기장이 변했다는 사실도 알게 되었습니다. 이 발견으로 지구가 정체되지 않고 끊임없이 변화하는 생명력 있는 존재라는 것을 확인시켜 준 것입니다.

어쩌면 지금 이 순간에도 지구 자기장의 역전 현상이 일어나고 있는지

도 모릅니다. 왜냐하면, 지난 150년 동안 자기장의 세기가 10퍼센트나 감소한 사실에서 그런 추측이 가능합니다. 하지만 지구의 자기장이 역전 현상이 아니라 모두 없어진다면 과연 지구는 어떻게 될까요?

그것은 화성이 그 해답을 말해주고 있습니다. 과학자들은 화성에도 한때 지구의 핵과 같은 것이 있어서 자기장이 흐르고 있었을 것으로 추측합니다. 하지만 화성의 내부가 서서히 식어 버려 더 이상 자기장을 만들어 내지 못하게 된 것입니다. 그 결과 우주와 태양으로부터 오는 위험한 것들을 막아낼 수 없게 되자 생명체들이 모두 사라져 버린 것으로 생각하고 있습니다.

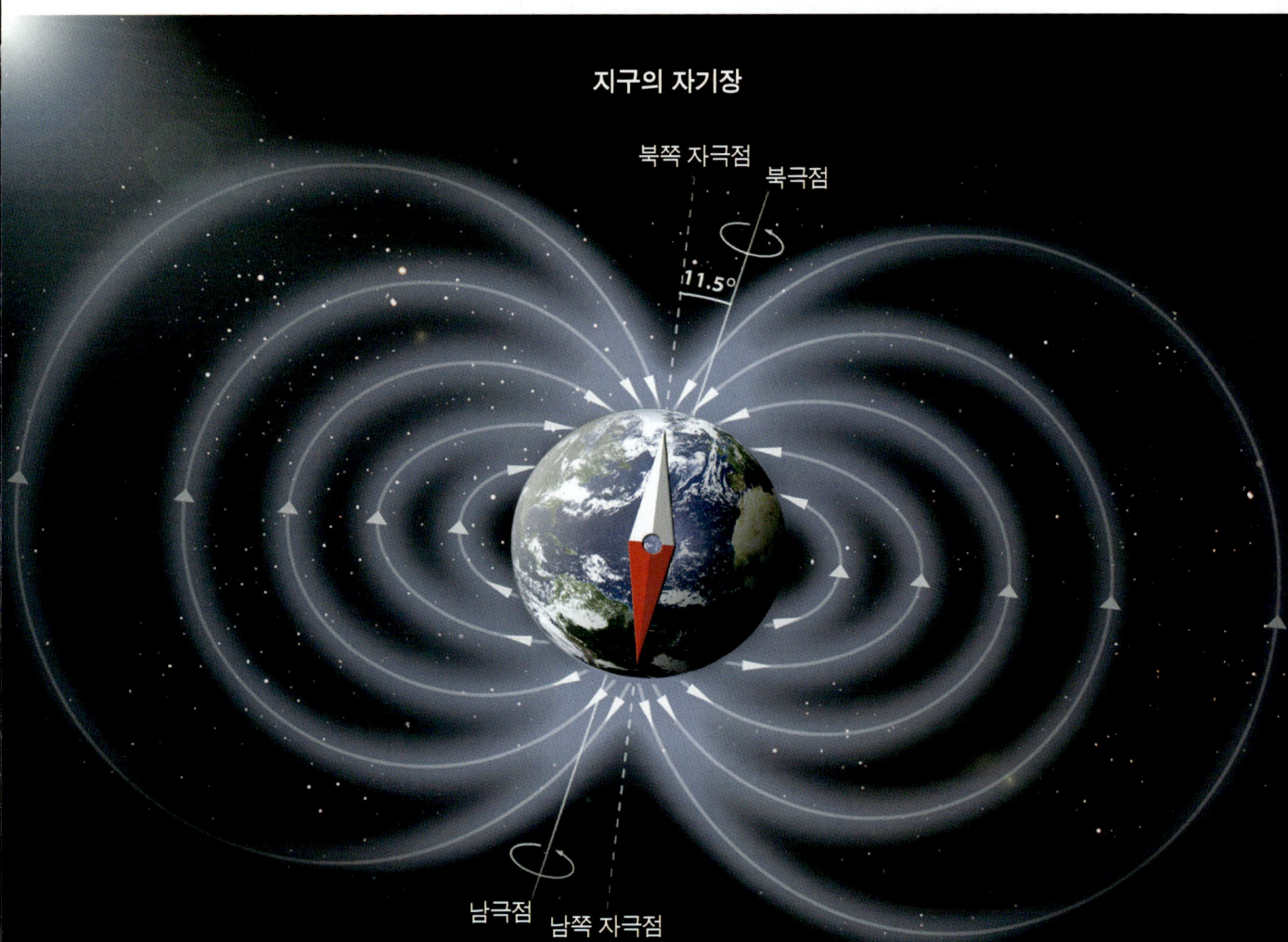

화성의 자기장

화성의 중력은 지구의 3분의 1 정도입니다. 지구와 화성이 처음 만들어질 때 지구는 여러 소행성의 충돌로 덩치가 커졌지만 화성은 한 번도 충돌을 겪지 않은 것으로 알려져 있습니다. 그렇기 때문에 화성의 크기는 지구에 비해 작고 중력도 약한 것입니다. 그리고 처음 화성이 만들어질 때는 지구처럼 뜨겁고 내부의 핵도 녹아 있는 상태로 회전하면서 자기장을 형성했을 것으로 보고 있습니다. 하지만 지구보다 크기가 작아 일찍 식어 버리고 자기장을 만드는 핵의 움직임도 사라져 버려 자기장이 더 이상 생기지 않았습니다. 결국, 그동안 외부의 위험으로부터 화성을 보호해 주던 것이 사라져 지금처럼 죽음의 별이 되어 버린 것입니다. 또한, 약한 중력은 화성의 대기와 수증기를 붙잡아 둘 수 없어 생명이 존재할 수 없는 행성이 되었습니다.

지구의 자기장이 멈춘다면?

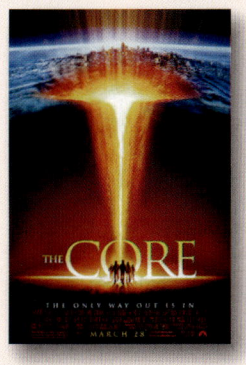

영화 <더 코어>는 지구의 핵, 엄밀히 말하자면 용융된 상태의 금속으로 구성된 지구의 외핵이 멈춤으로 인해 생길 수 있는 상황을 영화로 만들었습니다. 핵이 움직이지 않음으로써 지구의 자기장은 사라지게 됩니다.

이 영화에서는 이전까지 지구의 자기장을 따라 집을 찾아가던 비둘기들은 집을 찾지 못하고 이리저리 부딪히게 되고, 심장 박동기를 달고 있던 사람은 더 이상 작동하지 않아 이내 죽고 맙니다. 차량의 전자 장치가 모두 멈춰 차량들의 충돌이 잇따르고, 강한 자외선으로 미국 샌프란시스코의 금문교가 녹아 버리는가 하면 건물들이 벼락을 맞아 무너져 내립니다.

영화에서는 이러한 이유는 자기장이 사라졌기 때문이라고 말하고 있습니다. 실제로 이 영화에서 중간중간 과학적 오류들이 발견되기는 하지만 평소에 존재조차 느낄 수 없던 자기장이 우리에게 얼마나 소중한 것인지를 말해주고 있습니다. 자기장은 핵과는 멀리 떨어진 지표면에 사는 우리 인간에게 알게 모으게 많은 도움을 주고, 미처 깨닫지 못했던 여러 가지 위험으로부터 우리를 보호해주고 있습니다.

지구의 내비게이션 **나침반**

　망망한 바다 위에 떠 있는 배가 어떻게 방향을 알고 항구를 찾아가는 걸까? 또 깊은 산 속에서 마을이 보이지 않을 때는 어떻게 길을 찾을까? 우리는 이런 경우에 길을 찾는 방법을 다양하게 배웠습니다. 하지만 이러한 방법들을 찾아내기 훨씬 전부터 인간은 방향을 찾는 법을 알고 있었습니다. 그것은 바로 나침반을 이용하는 것입니다.

　그럼 나침반은 누가 처음 만들었을까요? 지금부터 하는 이야기는 나침반에 대한 것입니다. 인간의 오랜 역사를 통틀어 옛날 중국 사람들에 의해 발명된 나침반, 종이, 그리고 화약을 최고의 발명품으로 꼽고 있습니다.

종이는 학문과 문화의 전파에 지대한 영향을 미쳤고, 화약은 무기만이 아니라 이를 응용해서 도시 문명을 세우는데 큰 영향을 미쳤으며, 나침반은 인간의 삶의 영역을 넓히는 데 큰 역할을 하였습니다.

이와 같이 이 세 가지 발명품은 거의 수천 년 동안 인류의 발전에 큰 영향을 끼쳐 왔습니다. 대부분의 사람들이 익히 알고 있는 바와 같이 나침반은 지구가 가지고 있는 자기에 의해 자력을 띤 침은 항상 북쪽을 가리키는 성질을 이용한 것으로, 바다를 항해하거나 대륙 간의 먼 거리를 이동할 때 자신이 현재 있는 위치와 자신이 가야 할 방향을 알기 위한 필수 도구입니다. 자석이 지구의 북쪽을 가리킨다는 사실은 유럽보다 중국에 먼저 알려졌습니다.

자석의 성질을 기록한 내용 중에 가장 오래된 것은 채륜이 종이를 발명한 후한(25~220) 시대의 왕충이라는 사람이 쓴 《논형(論衡)》이란 책입니다. 이 책에는 '자석인침(慈石引針)' 외에 '사남(司南)의 국자[杓]'라는 기록이 나와 있습니다. 당시 자석은 따로 만들 능력이 없었기 때문에 산에서 발견한 천연 자석을 국자 모양으로 만들어 이것을 '사남의 국자'라고 불렀으며, 이 국자 모양의 자석을 탁자 위에 올려 두면 국자의 머리 부분이 남쪽을 가리킨다고 적혀 있습니다.

  일반적으로 자석을 '마그네시아의 돌'이라는 뜻을 가진 '마그네트'로 부르고 있는데, 이것은 이미 기원전 1,000년 이전에 발견되었습니다. 그러나 이것이 바다를 항해하거나 대륙 간의 먼 거리를 이동할 때 쓰는 나침반으로 발전하게 된 것은 중국인들의 노력에 의해서였습니다. 나침반은 특히 14세기 이후 서양의 함선들이 바다 건너 미지의 세계까지 항해하는 데 큰 도움을 주었습니다. 그 이전까지만 해도 바다로 나가 자신이 떠났던 항구로 되돌아올 방법을 몰랐기 때문에 먼바다로 항해하는 것은 꿈도 꿀 수 없었습니다. 아메리카 대륙을 발견한 것도 나침반을 이용하여 장거리 항해가 가능해졌기 때문입니다. 그리고 유럽의 열강들이 아시아나 남아메리카로 식민지 개척을 떠날 수 있었던 것도 나침반이 있었기 때문에 가능했습니다. 아마도 고대 중국인들이 '마그네시아의 돌'을 그저 신기한 돌로만 여겼다면 오늘날과 같은 문명 확산은 이루어지지 않았거나 많이 늦어졌을 것입니다. 오늘날에는 대부분의 배들이 GPS, 즉 위성 항법 장치를 장착하고 있으나, 그것이 말을 듣지 않을 경우 여전히 나침반이 커다란 위력을 발휘하고 있습니다.

동물의 이동과 자기장

지구는 커다란 자석입니다. 모든 생명체는 거대한 지구의 자기장 아래 놓여 있고, 이 자기장을 이용하여 방향을 읽는 동물들이 있습니다. 이러한 동물들은 자기장을 읽어서 이동을 합니다.

철새가 이동을 하는 데에는 여러 가지 방법이 있는데, 뇌에 지구 자기장을 감지할 수 있는 능력이 있는 철새는 이를 이용하여 계절에 따라 남쪽과 북쪽으로 이동하는 것이지요. 바다의 많은 물고기 역시 지구의 자기장을 기준으로 해류를 따라 넓은 대양을 이동합니다. 지구 자기장에 문제가 생기면 물고기들이 방향 감각을 잃어 해안가에 몰리거나 돌고래 등이 해안가에 좌초하기도 합니다. 또 현대 과학의 발달로 자기장을 교란하는 장치 때문에 철새가 방향을 잃기도 합니다. 박테리아 중에서도 지구의 자석을 나침반 삼아 움직이는 '마그네토 솜'이라는 것이 있습니다. 이 생물은 배 속에 나노 크기의 자석 입자를 가지고 있습니다. 산소를 싫어하기 때문에 몸속의 자석을 나침반 삼아 산소가 없는 바다 깊은 곳으로 다니지요.

이렇게 지구 상에는 지구의 자기장을 이용하여 이동하는 생물들이 있습니다.

지구에 생명을 준 대기

카테고리

과학 블로그 2부
- 첫 번째 수업
- 두 번째 수업
- 세 번째 수업
- 네 번째 수업
- **다섯 번째 수업**

　우리가 살고 있는 지구의 대기에 포함된 약 21퍼센트의 산소는 아주 절묘한 조합이라고 합니다. 어떤 재미있는 연구에 따르면, 산소의 농도가 현재보다 1퍼센트만 증가해도 번개나 자연 발화로 산불이 발생하게 되는 비율이 1.7배로 증가한다고 합니다.

　그렇다면 대기가 전부 사라진다면 어떻게 될까요?

　물론 숨을 쉴 수가 없겠죠. 그 외에도 태양과 우주에서 끊임없이 날아오는 방사선이나 운석들과의 충돌, 엄청나게 추운 극한의 온도로 인해 생물체는 살아남지 못할 것입니다. 지구의 대기 속에 있는 기체와 액체, 그리고 다른 여러 입자들에 의해 우리 인간과 모든 생물체들은 보호를 받고 있는 것입니다.

　그렇다면 이러한 대기를 붙들고 있는 힘은 무엇일까요?

　그것은 바로 중력입니다. 중력 때문에 지표면에 가까울수록 대기의 압력은 높아지고, 고도가 높아질수록 압력은 점점 낮아지는 것입니다. 그리고 지표에 가까이 있는 대기권은 바람의 작용으로 열을 분산시키고, 고도

지구에 대기가 없다면 외계에서 날아온 유성과 운석들로 우리는 위험한 상황에 직면하게 됩니다.

가 높은 대기권은 외부에서 날아오는 방사선과 운석들을 막아줍니다.

우리에게 중요한 이 대기 가운데 산소의 양은 20억 년 전만 해도 지금의 1퍼센트 수준이었는데, 언제부터 그 양이 현재의 양만큼 많아졌는지는 단정 지을 수 없습니다. 하지만 지질연대에서 말하는 캄브리아기 이후에 다양한 생물의 화석이 많이 발견되는 사실로 보아 적어도 6억 년 전에는 상당량의 산소가 대기 중에 축적되었다고 여겨집니다.

만만한 과학용어 검색

중력(重力, gravity)

질량이 있는 모든 물체 사이에는 서로 끌어당기는 힘(만유인력)이 존재합니다. 특히 지구가 지상에 있는 물체를 중심으로 끌어당기는 힘을 중력이라 하며, 정확하게는 지구가 물체를 끌어당기는 힘과 지구가 자전할 때 물체가 지구 밖으로 튀어나가려는 원심력이 합쳐진 것입니다. 질량이 클수록 중력이 커지며, 중력은 지구 중심 방향으로 작용합니다. 이러한 중력은 물체가 지구 표면으로부터 멀리 떨어질수록 감소합니다.

중력이 존재하기 때문에 모든 물체는 공중에 떠다니지 않고 지표면에서 생활할 수 있습니다.

지구가 동그란 공 모양이 아니라 약간 평평한 타원체이고 지구 내부 물질이 균일하지 않은 등의 여러 원인 때문에 장소에 따라 중력이 조금씩 달라집니다. 극지방에서는 중력의 크기가 커지고 적도 지방은 극지방보다 약간 작습니다.

만만한 과학용어 검색

지질연대

과거 지구상에서 암석의 생성, 지각 변동, 생물의 출현과 멸종이 있었던 때를 시간 단계로 구분한 것입니다. 크게 선캄브리아대, 고생대, 중생대, 신생대로 나뉩니다.
선캄브리아대는 지구 생성 후부터 5억 7,000만 년 전까지이며, 시생대와 원생대로 나누어집니다. 5억 7,000만 년 전부터 2억 2,500만 년 전까지는 고생대에 해당하며 캄브리아기, 오르도비스기, 실루리아기, 데본가 석탄기, 페름기로 나누어집니다. 또 2억 2,500만 년 전부터 약 6,500만 년 전까지는 중생대에 해당하며 트라이아스기, 쥐라기, 백악기의 3기로 나누어집니다. 그리고 약 6,500만 년 전부터 현재에 이르기까지를 신생대라 합니다. 신생대는 제3기와 제4기로 구분되며 제3기는 팔레오세, 에오세, 올리고세, 마이오세, 플라이오세로 이루어져 있고 제4기는 플라이스토세와 홀로세로 나뉩니다.

이때부터 대기 중의 산소에 적응하는 생물이 등장했습니다. 그런 생물은 산소와 유기물을 결합시킴으로써 더 많은 에너지를 얻게 되고 마침내는 진핵세포를 갖는 생물로 진화했을 것입니다. 그러나 그런 생물이 아직은 바다를 벗어나 밖으로 나오지는 못했습니다. 바다 생물이 육상으로 진출했다는 것은 그들이 살아남기 위한 충분한 산소량이 확보되었을 뿐만 아니라 앞에서 설명한 스트로마톨라이트와 같은 생물에 의해 대기 상층부에 오존층이 형성되었다는 것을 의미합니다.

오존은 산소 원자 세 개가 결합한 것입니다. 이들에 의해 만들어진 오존층은 생명체에 치명적인 자외선을 흡수합니다. 따라서 오존층이 생기기 전에는 지구의 바다를 벗어난 곳에서는 자외선 때문에 생물이 살 수 없었습니다.

따라서 생물이 육상에 상륙하는 데는 오존층에 의한 자외선의 흡수가 꼭 필요한 조건이었습니다. 그리고 자외선이 더 이상 지구로 들어오지 못하게 되었을 때 비로소 생물은 육상에 올라올 수 있게 되었고, 약 4억 년 전부터 육지는 수많은 식물들로 뒤덮이기 시작했습니다. 그렇게 생각하면 4억 년 전의 지구 대기는 이미 현재와 그다지 다르지 않은 산소 농도를 가지고 있었을지도 모릅니다.

만만한 과학용어 검색

자외선

태양 빛의 스펙트럼에서 보라색 바깥쪽에 있는 광선입니다. 가시광선보다 파장이 짧으며 우리 눈에 보이지 않습니다. 에너지가 강해서 지속적으로 노출되면 눈에 손상을 주고 피부암을 발생시킵니다. 반면 살균력이 무척 강해서 세균도 죽이며, 적당한 자외선은 우리 몸에 비타민 D를 만드는 데 도움을 주어 구루병을 예방할 수 있습니다. 지구 대기의 성층권에 존재하는 오존층은 자외선이 지구에 도달하는 것을 막아주고 있으며 이로 인해 지상에서 생물들이 살아갈 수 있습니다.

97

지구의 대기권

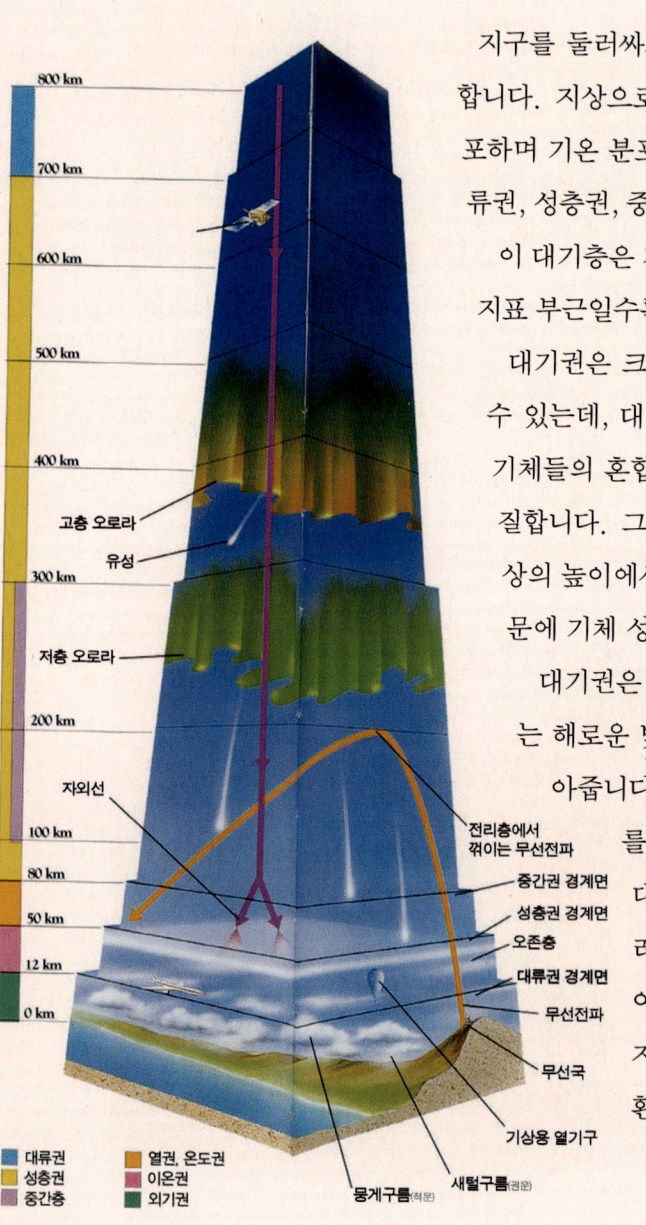

지구를 둘러싸고 있는 대기층을 대기권이라고 합니다. 지상으로부터 약 1,000킬로미터까지 분포하며 기온 분포와 공기의 연직 분포에 따라 대류권, 성층권, 중간권, 열권으로 나누어집니다.

이 대기층은 지구 중력에 의해 붙들려 있으며, 지표 부근일수록 공기들이 밀집해 있습니다.

대기권은 크게 균질권과 비균질권으로 나눌 수 있는데, 대기 하층부는 대류운동으로 인해 기체들의 혼합이 잘 이루어져 기체 성분이 균질합니다. 그리고 지상 100~120킬로미터 이상의 높이에서는 공기의 혼합 작용이 없기 때문에 기체 성분이 균질하지 못합니다.

대기권은 태양이나 외계 등 외부로부터 오는 해로운 빛을 흡수하고 운석의 충돌을 막아줍니다. 또 지표에서 나오는 열의 일부를 흡수하여 지구를 보온해 주며, 대류 현상으로 열을 고르게 퍼뜨려서 지구 전체의 온도 차이를 줄여 줍니다. 이런 식으로 대기권은 지구 내의 생명체들이 살기 좋은 환경을 만들어 줍니다.

공기의 힘

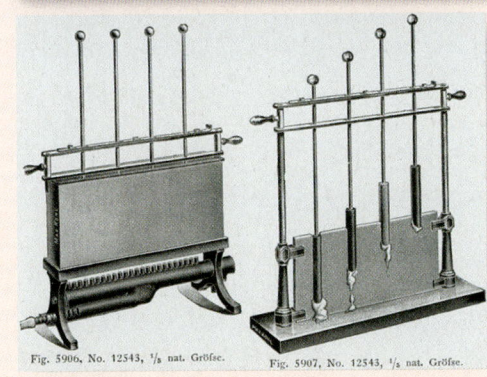

귀리케와 그의 수기압계

1651년, 귀리케는 그동안 연구하고 실험한 결과를 페르디난트 3세 앞에서 보여주기 위해 분주 했습니다. 그는 갈릴레이가 주장 한 '공기는 무게를 갖는다'는 이론을 바탕으로 재미있는 인형을 하나 만들어 사람들 앞에 내놓았습니다.

그는 놋쇠로 만든 관 네 개를 약 10미터의 길이로 이어 지면에 세운 다음 자신의 집 지붕 아래까지 연결했답니다. 그러고는 이 기다란 관 꼭대기에 가느다란 플라스크를 거꾸로 장치한 뒤 관 아래쪽을 물로 채운 큰 통 속에 넣었습니다. 이 관에서 수기압계 역할을 하는 물기둥의 높이는 약 32피트였으며, 위에 장치한 플라스크 안에는 토리첼리 진공이 생기도록 만들었습니다.

귀리케는 사람 모양을 한 인형을 이 수기압계 속에 넣고 플라스크 안의 수면에 뜨게 했습니다. 그런 다음 관 아래쪽을 전혀 보이지 않게 함으로써 그 누구도

 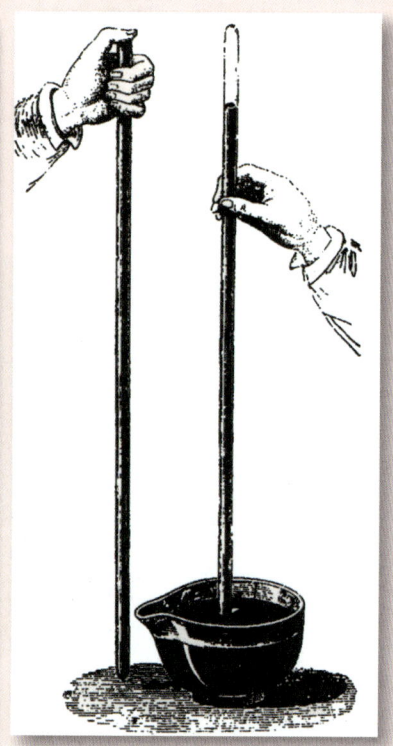

토리첼리의 진공 실험

인형이 들어 있는 유리그릇 외에 다른 것은 보이지 않도록 만들었습니다. 더욱이 날씨가 맑게 갠 날은 수면이 올라오는 높이의 아래쪽은 판자로 둘러싸서 보이지 않게 했습니다. 그러므로 인형이 보이는 것은 맑게 갠 날뿐이고 날씨가 좋지 않고 공기의 압력이 낮아지면 플라스크 안의 수면도 낮아져서 인형이 판자에 가려져 숨어 버리게 됩니다.

또한, 귀리케는 공기압을 이용한 재미있는 기구도 만들었습니다. 그는 마침내 원구 속을 진공으로 만드는 방법을 개발하였는데, 페르디난트 3세가 보는 앞에서 진공의 힘이 얼마나 큰지를 보여주는 실험을 하려는 것이었습니다. 귀리케는 8마리의 힘 센 말에게 반구 한쪽을 끌게 하고, 다른 쪽 반구도 반대편에서 8마리의 말이 끌도록 했습니다.

말들이 양쪽에서 전력을 다해서 잡아끌었지만 반구는 쉽게 떼어지지 않았습니다. 결국에는 말들이 있는 힘을 다해서 끌어서야 겨우 두 반구를 떼어낼 수 있었답니다.

하지만 반구를 잡아떼었을 때 대포를 발사할 때와 같은 큰 폭음이 일어나 구경하던 사람들은 모두 깜짝 놀랐다고 합니다. (그 소리는 진공인 반구 속으로 공기가 갑자기 유입되었기 때문에 난 것이었습니다.)

이렇게 황제와 신하들에게 두 개의 반구를 떼기가 얼마나 힘든가를 보여주고 난 뒤 귀리케는 반대로 얼마나 손쉽게 뗄 수 있는가를 보여주었습니다. 조수를 시켜 펌프를 이용하여 안쪽의 공기를 전부 빼내도록 한 다음 코르크 마개를 돌리자, 공기가 원구 속으로 들어가 아무런 힘도 들이지 않고 반구를 떼어놓을 수 있었답니다. 이는 원구 속으로 유입된 공기가 공 안쪽에서는 바깥쪽으로 힘을 미치고, 반대로 공 바깥쪽에서는 안쪽으로 힘을 미치고 있기 때문에 두 압력이 서로 상실되는 원리를 이용한 것이었습니다.

그의 실험은 평소 우리가 느끼지 못하는 공기의 실체를 증명하면서 그 힘이 얼마나 큰지를 보여준 것입니다.

공기로 하늘을 날다

    1783년, 어느 작은 마을에서 중요한 실험이 벌어졌습니다. 조제프와 자크 형제는 커다란 종이 공을 구름처럼 가볍게 하기 위해 따뜻한 공기를 채워 하늘로 떠오르게 하는 실험을 하였습니다. 지름이 12미터인 종이 공의 아래쪽 공간 바로 밑에서 땔나무에 불을 붙여 연기를 채우자 공은 공중으로 날아올랐습니다. 하늘로 올라간 공은 어느 정도 시간이 지난 후 2,000미터까지 날아올랐으나, 얼마 지나지 않아 다시 땅으로 떨어져 버렸습니다.

    하지만 이 실험에 대한 소문은 삽시간에 사방으로 퍼져 나갔답니다. 그중 소문을 전해 들은 프랑스의 자크 샤를도 이들 형제의 실험에 큰 관심을 보였습니다. 그 당시 이미 수소가 공기보다 훨씬 가볍다는 사실이 알려져 있었습니다. 샤를은 뜨거운 공기와 연기 대신 수소를 사용하였는데, 수소는 실험실에서 묽은 염산에 쇠를 녹여서 만들어 냈습니다.

    샤를이 만든 공은 2분도 채 되지 않아 1,000미터 높이까지 올라갔지만, 그의 예상과는 달리 기구는 약 40분 뒤 땅으로 떨어졌습니다. 기구는 6,000미터 이상 올라갔을 것으로 추측되었지만, 땅에 떨어진 후 확인해본 결과 약 30센티미터 이상 찢어져 있었습니다. 바깥 공기의 압력이 기구 속의 수소의 압력보다 훨씬 작기 때문에 수소가 찢어진 곳으로 새어 나오면서 그로 인해 기구가 지면으로 떨어진 것이었습니다.

    기구를 이용하면 대기 위의 상태를 연구할 수 있지 않을까 하고 생각한 몇몇 과학자들이 이 연구에

착수했습니다. 그중 프랑스의 과학자 게이뤼삭도 이를 이용한 실험을 했는데, 그의 실험은 나침반 자석의 바늘이 높은 공중에서도 지상과 같은 방향으로 움직이는지를 확인하는 것이었습니다.

약 3,000미터의 높이에 도달해서도 게이뤼삭은 더 높이 올라가보고 싶었습니다. 그래서 그는 기구 안에 있던 물건들을 밖으로 던져 기구를 가볍게 한 다음 더 높이 올라갈 수 있었습니다.

수소를 이용해 하늘을 오르려던 샤를의 시도는 몇 년 전에 조지 블랙이라는 사람이 이미 생각하고 있던 것이었습니다. 1776년에 블랙은 아주 얇고 가벼운 소의 방광에 캐번디시가 발견한 수소를 채워 넣게 되면 공기보다 가벼워서 하늘로 날아오를 것이라 생각했습니다. 하늘을 나는 방광이라는 재미있는 실험에 초대받은 블랙의 친구는 그날의 실험을 다음과 같이 기록해 놓았습니다.

"수소가 발견되고 얼마 지나지 않아서 블랙은 그것이 보통의 공기보다 적어도 10배 이상 가볍다는 것을 친구들에게 증명해 보여주기로 했다. 친구들 중에는 하론 박사, 엘튼의 클락, 베니퀵의 조지 클락이 있었다. 블랙 박사가 수소 가스를 채운 방광을 손에서 놓자, 방광은 천장에 가서 달라붙었다."

블랙은 친구들에게 방광이 공중으로 올라간 이유를 설명했습니다. 그러나 그는 자신의 명성이나 세간의 보도에 대해서는 거의 무관심했기 때문에 이 기발한 실험을 누구에게도 말하지 않았다고 합니다. 그래서 샤를에 의한 실험이 이루어지기까지 12년 이상의 세월이 걸렸습니다.

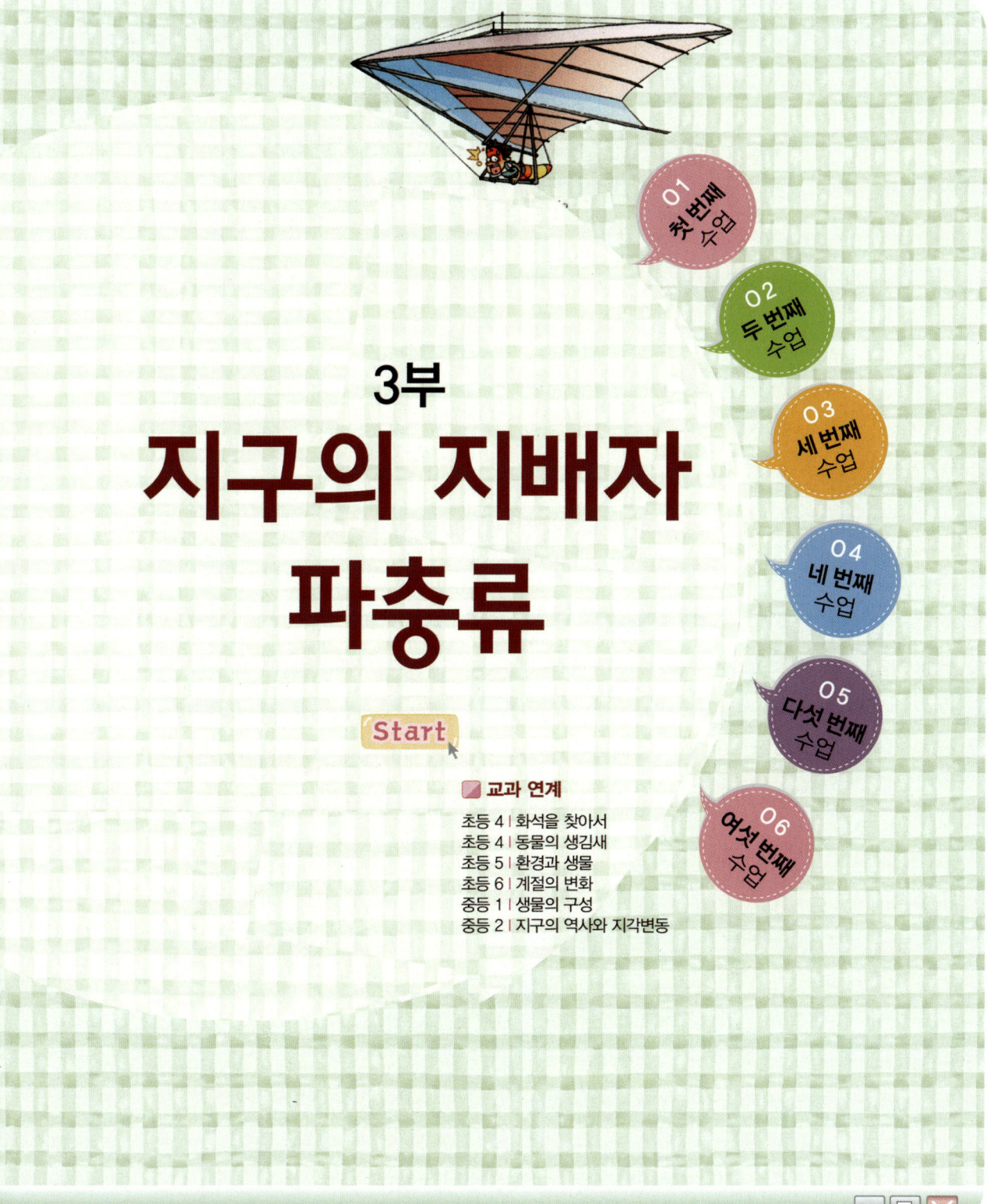

3부
지구의 지배자 파충류

01 첫 번째 수업
02 두 번째 수업
03 세 번째 수업
04 네 번째 수업
05 다섯 번째 수업
06 여섯 번째 수업

교과 연계

초등 4 | 화석을 찾아서
초등 4 | 동물의 생김새
초등 5 | 환경과 생물
초등 6 | 계절의 변화
중등 1 | 생물의 구성
중등 2 | 지구의 역사와 지각변동

지질시대의 시작

카테고리

과학 블로그 3부
- 첫 번째 수업
- 두 번째 수업
- 세 번째 수업
- 네 번째 수업
- 다섯 번째 수업
- 여섯 번째 수업

이때까지의 시기를 대체로 선캄브리아대라고 부릅니다. 45억 년 전에 지구가 탄생한 뒤 38억 년 전부터 지질시대가 시작되는 것으로 봤을 때, 80퍼센트 이상을 차지하는 시기입니다. 이러한 지질시대는 크게 선캄브리아대, 고생대, 중생대, 신생대로 나누고 있습니다.

만약 우리가 지구의 나이를 24시간으로 가정했을 때 육상에 처음 식물이 등장한 것은 오후 9시 59분이고 육상동물이 등장한 것은 오후 10시쯤입니다. 그리고 대략 1시간이 지난 뒤에 공룡이 등장하게 됩니다. 이때가 지질시대로는 중생대입니다. 그럼 인류는 언제쯤 등장했을까요? 그것은 24시가 되기 1분 17초 전입니다. 이것으로 지구의 역사에 비해 인간의 역사가 얼마나 짧은지 알 수 있을 것입니다.

선캄브리아대에는 아직 바다를 벗어난 생물 화석은 발견되지 않았습니다. 발견된 화석들은 스트로마톨

만만한 과학용어 검색

박테리아
세균이라고도 하며 흙, 물, 공기, 생물체의 몸속 등에 존재하는 단세포의 미생물을 통틀어서 말합니다. 다른 생명체에 기생하여 발효나 부패를 일으킵니다.

라이트나 박테리아, 해조류, 해면류 등이었습니다. 우리는 육상동물이 등장한 시기를 고생대라고 부릅니다. 고생대는 약 5억 7,000만 년 전부터 시작되어 2억 3만 년 전까지를 말합니다. 갑자기 많은 화석들이 발견되기 시작하는 시기로 양치식물들이 땅속에 묻혀 지금 우리가 사용하는 화석 연료인 석탄이 되었습니다. 이때 등장한 생물로는 삼엽충이나 연체동물, 원시 어류 등이 있었는데 고생대가 끝나갈 무렵 육상의 양서류와 디메트로돈과 같은 파충류도 등장하기 시작합니다.

만만한 과학용어 검색

해조류(海藻類, sea algae)

바다에서 나는 식물을 말합니다. 뿌리, 줄기, 잎이 구분되지 않으며 포자에 의해 번식을 합니다.
번식하는 바다의 깊이에 따라 얕은 곳부터 녹조류, 갈조류, 홍조류로 나뉘며 색깔이 다릅니다. 선캄브리아시대부터 현재까지 살고 있으며, 먹을 수 있는 해조류에는 김, 미역, 다시마, 한천 등이 있습니다. 해조류는 무기질과 비타민이 풍부하고 섬유소가 많이 함유된 알칼리성 식품입니다.

해면류(해면동물) [海綿動物, Porifera]

다세포동물 중 가장 기본적인 동물로 근육, 신경, 장기가 존재하지 않습니다. 대부분이 해양동물로 원시적이며 움직이지 못합니다. 대부분이 바위, 자갈, 모래, 진흙 바닥에 붙어 있고 해조류나 멍게류, 게의 등딱지 위에 붙어 있는 것도 있습니다.
다른 동물에 부착하여 살며 운동을 하지 않고 세포 중심적으로 많은 세포들이 함께 일하는 것입니다.
해면류의 화석은 고생대의 캄브리아기부터 발견되고 있고 현재 살아 있는 종으로는 전 세계에 약 1만 종이 알려져 있으며, 해양종은 간조선 부근에서부터 9,000미터까지의 깊은 바다에 살고 있습니다.

화석 연료(化石燃料, fossil fuel)

수억 년 전에 지각에 파묻힌 동식물의 잔해들이 오랜 시간에 걸쳐 지질학적 작용을 받으면서 생성된 화석화된 연료입니다. 현재 전 세계 산업 국가에서 사용되는 연료의 90퍼센트 이상을 차지하고 있습니다.
화석 연료에는 석탄, 천연가스, 석유 등이 있으며 특히 석탄은 그 매장량이 풍부하여 안정적으로 공급이 되고 있습니다.
하지만 이러한 화석 연료의 매장량은 제한되어 있으며 환경오염의 주범이기 때문에 화석 연료를 대체할 대체 에너지의 개발이 꼭 필요합니다.
모든 화석 연료는 연소되어 열을 발생하는데 이 열은 난방에도 사용되고 공장에 전력을 공급하는 발전기를 돌리는 데도 사용됩니다. 또한, 자동차나 항공기의 연료로 사용되는데, 이와 같이 우리 생활 전반에 널리 쓰이고 있습니다.

삼엽충(三葉蟲, Trilobites, Trilobita)

고생류의 대표적인 화석으로 5억 7,000만 년 전부터 2억 5,000만 년 전에 걸친 고생대 기간 동안 가장 번성 하였습니다.

2억 5,000만 년 전에 멸종하였으며, 대부분 얕은 바다에서 서식하였던 것으로 추정되고 있습니다. 오늘날의 절지동물에 해당되며 몸은 머리, 몸통, 꼬리로 구분되고 길이는 몇 밀리미터에서 큰 것은 1미터에 이르기까지 다양합니다.

삼엽충은 허물을 벗으면서 성장하는 탈피 동물로 겉껍질이 화석으로 남는 경우가 많으며, 지역과 특성에 따라 1만 7,000가지나 되는 종의 화석이 남아 있습니다. 대부분 바다 밑을 기어다니며 살았지만 물속을 떠다니는 종류도 있었습니다.

연체동물(軟體動物, Mollusca)

고생대부터 존재해온 연체동물은 지금도 볼 수 있습니다. 이들은 몸에 뼈가 없고 부드러우며, 몸 표면이 외투막으로 이루어진 동물입니다. 석회석의 껍질로 덮인 것이 많으며, 현재 지구 상에 약 11만 종이 살고 있습니다.

연체동물은 조개와 같이 두 개의 껍질이 몸을 둘러싸고 있는 부족강, 달팽이와 같이 나선형이고 하나의 껍질을 가지고 있는 복족강, 오징어와 같이 크고 잘 발달된 눈을 가진 두족강, 딱지조개와 같은 다판강의 4개의 강으로 분류됩니다.

양치식물(羊齒植物, Pteridophyta)

양치식물은 선캄브리아기가 지나고 약 4억 1,600만 년~2억 8,600만 년 전에 등장했습니다. 당시 가장 번성한 식물이었던 고사리류와 같은 양치식물은 당시 거대한 삼림을 이루고 있었습니다. 이들이 땅속에 묻혀 지금의 석탄이 되었는데 우리나라의 대표적인 고생대 식물의 밀집 지역은 강원도와 평안남도에 집중되어 있습니다. 당시의 식물 중 양치식물을 제외하고는 대부분 관다발이 없는 하등식물이었습니다.

2억 3,000만 년 전 중생대가 시작되면서 1억 6,000만 년이라는 긴 시간 동안 지구를 지배한 공룡이 등장하게 됩니다. 바로 파충류의 시대입니다. 이 시기는 곤드나와 대륙에서 인도 대륙이 분리된 시기이기도 합니다.

　중생대가 끝나고 나면 인류의 조상인 유인원과 지금의 코끼리의 조상이라 할 수 있는 매머드, 화폐석과 속씨식물이 등장하는 신생대가 시작됩니다. 이른바 포유류의 시대라고 할 수 있습니다. 신생대의 초기에는 따뜻하지만 후기에는 수차례 빙하기를 맞이하기도 합니다. 또한, 대륙판의 움직임으로 인도 대륙이 유라시아 대륙과 충돌해 히말라야라는 습곡 산맥을 만들어 냅니다.

지질시대

지질시대(地質時代)는 지구가 생기고 지구의 지각이 형성된 이후부터 인류의 문명이 시작된 약 1만 년 전까지 지구의 역사를 나타냅니다.

현재, 이론에 따르면 지구는 약 45억 7,000만 년 전에 만들어졌다고 생각하고 있습니다. 지구의 역사는 여러 가지 기준으로 묶일 수 있습니다. 각 시대는 지질학이나 고생물학에서의 주요 사건(생물의 대량 멸종 등)을 기준으로 나뉩니다. 예컨대 백악기와 팔레오기는 공룡 멸종의 이전과 이후를 기준으로 나뉩니다.

화석 연료

석탄과 석유, 천연가스는 어떻게 만들어지나?

화석 연료는 수억 년 전에 지각에 파묻힌 동식물의 잔해들이 오랜 시간에 걸쳐 지질학적 작용을 받으면서 생성된 화석화된 연료입니다. 현재 전 세계 산업 국가에서 사용되는 연료의 90퍼센트 이상을 차지하고 있습니다.

화석 연료에는 석탄, 천연가스, 석유 등이 있으며 특히 석탄은 매장량이 풍부하여 안정적으로 공급되고 있습니다.

석탄은 지구에 육상식물이 처음 나타나기 시작한 4억 5,000만 년 전부터 만들어지기 시작했는데, 주로 비가 많이 오고 따뜻한 열대나 아열대 기후 지역에서 주로 만들어집니다. 이곳의 늪지대에 살던 식물이 죽으면 늪 바닥에 쌓이고, 계속해서 퇴적 작용을 받으면 유기물은 깊이 묻히게 됩니다. 온도가 올라가면 유기물을 이루고 있던 성분 가운데 수소와 산소가 빠져나가므로, 남아 있는 퇴적물의 탄소 함량이 점점 높아지면서 석탄이 됩니다. 석유와 천연가스는 지질시대에 살던 동물들이 죽어 만들어집니다. 현재 발견되는 석유는 고생대 이후의 지층에서 모두 발견되는데 신생대 지층이 약 60퍼센트 정도를 차지하고 있습니다. 이들은 대체로 같은 곳에서 산출되는데 화학 성분이 같아 그 기원도 같을 것으로 보고 있습니다.

이들은 호수나 바다 밑에 퇴적된 후 박테리아의 도움을 받아 케로젠이란 화학 물질이 됩니다. 그리고 이것은 다시 지층이 쌓여 열과 압력을 받아 원유로 변하

게 됩니다. 이제 원유로 변한 유기물은 그것들을 오랫동안 보관할 장소를 찾아가게 됩니다. 이들이 찾아가 잠들게 되는 곳은 보통 1,200미터에서 2,400미터 사이에 대부분 존재하며 3,000미터 이상의 땅속에는 존재하지 않습니다. 석유 시추를 할 때 3,000미터를 넘으면 중단하는 것도 이러한 이유 때문입니다. 하지만 이러한 화석 연료의 매장량은 제한되어 있으며 환경오염의 주범이기 때문에 화석 연료를 대체할 대체 에너지의 개발은 꼭 필요합니다. 모든 화석 연료들은 연소되어 열을 발생하는데 이 열은 난방에도 사용되고, 공장에 전력을 공급하는 발전기를 돌리는 데도 사용됩니다. 또한, 자동차나 항공기의 연료 등 우리 생활 전반에 쓰이고 있습니다.

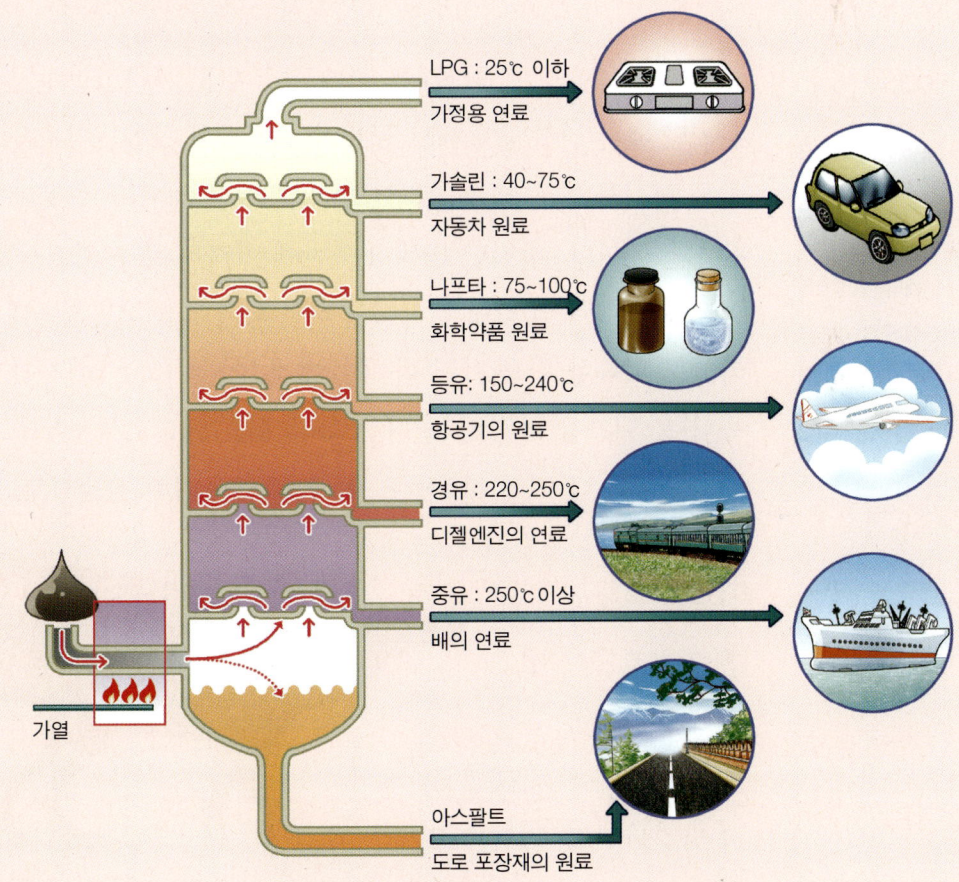

원유의 분별 증류

쉿! 상위 1%로 가는 비밀 수업 과학 블로그   내 블로그 | 바로가기 | Login

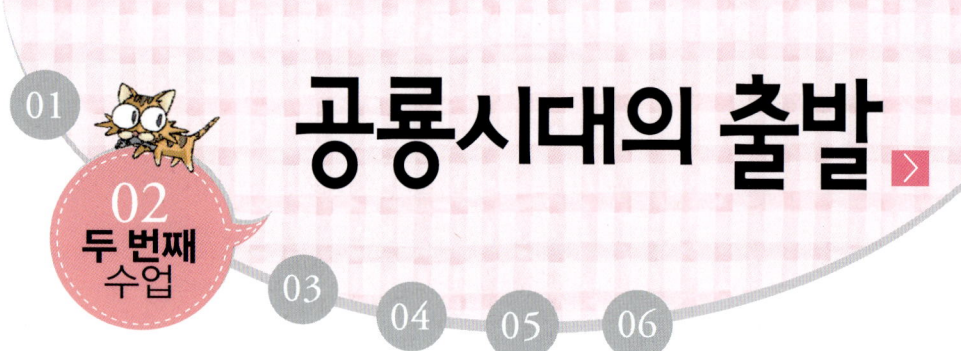

공룡시대의 출발

카테고리

과학 블로그 3부
- 첫 번째 수업
- **두 번째 수업**
- 세 번째 수업
- 네 번째 수업
- 다섯 번째 수업
- 여섯 번째 수업

현대의 사람들은 중생대를 지배한 공룡을 자연스럽게 받아들입니다. 하지만 얼마 전까지만 해도 공룡이라는 것이 있었는지조차 몰랐습니다. 물론 화석들은 종종 발견되었으나 그 뼈의 정체가 무엇인지 아는 사람은 없었습니다. 하지만 19세기 초반에 이르러 많은 것이 달라졌습니다.

1822년, 영국의 남쪽 지방에서 작은 화석이 발견되었는데 사람들은 날카롭고 뾰족한 이를 가진 이 동물에게 '이구아노돈'이라는 이름을 붙였습니다. 이즈음 발견된 또 다른 화석에는 '메갈로사우루스'라는 이름을 붙였습니다. 당시의 사람들은 이 화석들에 대해 설명할 길이 없어 많은 상상력을 발휘했습니다. 그래서 이들을 거대한 도마뱀 정도로 상상했습니다.

그 후에도 화석은 계속 발견되었고, 리처드 오

이구아노돈

who are You? 검색

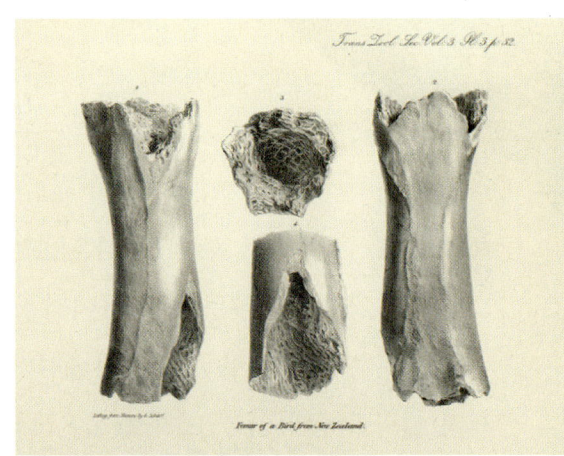

리처드 오웬
(Richard Owen, 1804~1892)

영국의 공룡학자로 '공룡(dinosaur)'이라는 단어를 처음 만든 것으로 유명합니다. 그는 공룡의 화석을 가지고 실물을 복원하는 일에 열의를 갖고 있었으며 뼈에 근육과 피부를 붙여 공룡을 복원하려는 생각을 가지고 있었습니다. 그의 생각은 이구아노돈을 복원하는데 큰 영향을 끼쳤으며, 결국 복원하는데 성공했지만 복원 모형은 후에 이구아노돈의 화석이 발굴됨에 따라 잘못되었다는 것이 밝혀졌습니다.

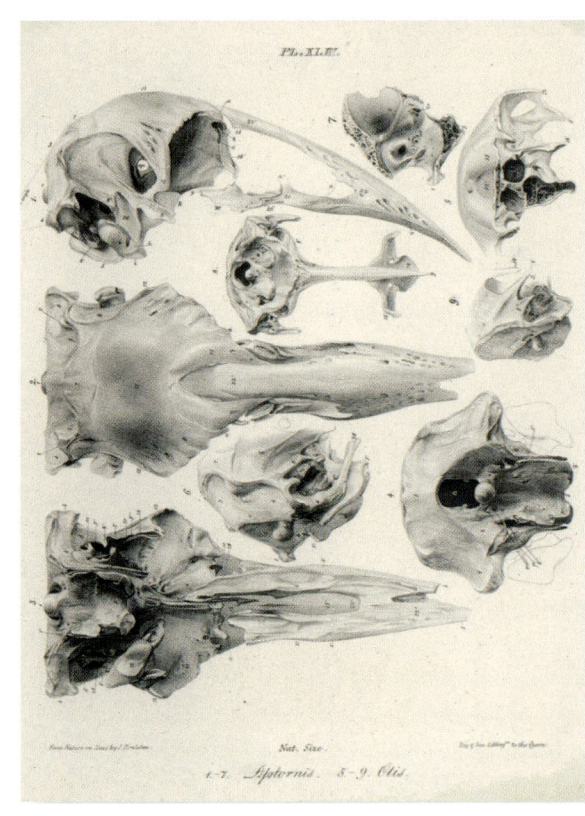

헤레라사우루스
트라이아스 후기에 남아메리카에 살던 공룡으로, 몸길이는 약 3미터 정도였습니다. 최초의 공룡 중 하나인 헤레라사우루스는 육식동물로 사냥하기에 적합한 발톱을 가지고 있었습니다.

웬은 이 동물을 새로운 종으로 분류해 '무서운 도마뱀'이라는 뜻인 다이너소어라는 이름을 붙여주었습니다. 19세기 사람들에게 이 거대한 생물은 너무도 신기한 것이었습니다. 고생물학이라는 학문 분야가 생겨난 것도 이 시기입니다.

지금까지 발견된 화석 기록으로 보아 공룡이 최초로 등장한 것은 트라이아스기 말기인 2억 2,500만 년 전으로 추정하고 있습니다. 당시에는 모든 대륙이 하나로 뭉쳐 있었으며 기후는 열대와 같은 환경이었습니다. 우리가 상상하는 거대한 공룡이 출현하기 전에 이미 몸집이 작은 헤레라사우루스나 스타우리코사우루스, 코엘루루스와 같은 육식동물이 지구상에 살고 있었습니다. 당시의 식물은 겉씨식물인 은행나무와 침엽수, 소철류 등이 자라고 있었고 그 밑에 조그마한 양치식물들이 있었습니다. 하지만 아직 그때까지는

은행나무 화석

꽃이 있는 풀이나 나무는 나타나지 않았습니다.

이때 최초로 날아다니는 익룡이 등장했으며 바다에는 육식 어룡들로 가득했습니다. 그리고 오늘날 악어의 조상이 호수나 늪에 살기 시작했습니다. 인간의 조상이 될지도 모르는 포유류들도 이 시대에 나타났습니다. 이 시기에 본격적으로 등장하기 시작한 공룡은 코엘로피시스, 플라테오사우루스, 타르보사우루스 등이 있었습니다.

바다에 등장하기 시작한 어룡

과학으로 보는 쥐라기 공원

　영화 〈쥐라기 공원〉에서 몇 가지 과학적 오류를 찾아볼 수 있습니다. 먼저 공룡 복원의 열쇠가 되는 공룡의 피를 빨아먹은 모기 화석을 들 수 있습니다. 쥐라기 시대에는 지금처럼 공룡이나 동물의 피를 빠는 모기라는 곤충이 거의 없었으며, 설령 있었다고 하더라도 그 공룡의 피를 이용하여 공룡을 복원하는 것은 불가능합니다. 유전자의 분자 구조는 깨지기 쉬워서 10만 년도 견디기 어렵다고 합니다. 그런데 공룡이 존재한 시기는 아주 오래전인 중생대이므로 시간이 너무 오래 지났고, 또 DNA는 매우 섬세한 물질이기 때문에 설령 존재한다 하더라도 매우 극소수인데다가 다른 DNA와 섞여 있습니다. 결국 복원시켜봤자 불완전한 공룡, 즉 공룡을 닮은 생명체밖에 되지 않습니다.

또한, 모기 한 마리로 그 많은 종류의 공룡들을 모두 복원시킬 수는 없습니다.

또 다른 오류로는 〈쥐라기 공원〉에 나오는 공룡들은 대부분 쥐라기가 아닌 백악기 말기의 공룡들입니다. 영화의 주인공인 티라노사우루스와 벨로시랩터는 백악기의 육식동물이고, 코뿔소를 닮은 트리케라톱스 또한 백악기 공룡입니다. 영화에 등장하는 공룡

들 중에서 목이 긴 초식 공룡인 브라키오사우루스만이 쥐라기 시대에 나타나 백악기시대에 번성했던 공룡입니다.

그리고 영화 속에 나오는 호박의 원산지 또한 잘못되었습니다. 예부터 곤충이 들어 있는 호박이 많이 발견되는 곳으로 유명한 도미니카공화국을 호박의 원산지로 하였는데, 도미니카공화국에서 발견된 호박은 2,000만 년에서 4,000만 년 전의 것입니다.

따라서 공룡이 살았던 2억 3,000만 년 전부터 6,500만 년 전과는 전혀 다른 것입니다. 공룡이 살았던 시대의 호박이 발견되는 곳은 미국의 알래스카, 캐나다의 시다 호수, 그래시 호수, 영국의 와이트 섬 등입니다.

코엘로피시스의 공격을 받는 플라테오사우루스
트라이아스 후기에 유럽을 중심으로 활동한 플라테오사우루스는 몸을 곧추세워 높은 나무의 어린 나뭇잎을 따먹고 살았으며, 같은 시기에 코엘로피시스는 몸집은 작지만 떼 지어 몰려다니며 사냥을 했습니다.

코엘로피시스

'뼛속이 비어 있다'라는 뜻의 이름을 가진 코엘로피시스는 지금까지 상당량의 화석이 발견되었습니다. 1947년, 미국 콜로라도 주의 고스 트랜치 지역에서는 놀랍게도 어린 공룡에서부터 어른 공룡에 이르기까지 약 100여 개의 표본 화석이 발견되기도 했습니다. 이 때문에 트라이아스기 공룡 중에서 가장 유명해졌습니다. 이 거대한 공동묘지는 홍수에 의해 떼죽임당해 집단적으로 강바닥에 묻힌 것으로 해석되는데, 이는 이 공룡이 서로 어울려 사는 것을 좋아했다는 것을 보여주는 것입니다. 또 큰 공룡의 화석 속에 작은 뼈가 들어 있는 것을 보면, 다른 놈의 새끼를 잡아먹은 것으로 보입니다. 이 많은 화석은 튼튼한 유형과 날씬한 유형, 두 가지로 구분됩니다. 고생물학자들은 이들이 서로 다른 종류라기보다는 수컷과 암컷일 것이라고 생각하고 있습니다.

쉿! 상위 1%로 가는 비밀 수업 과학 블로그 내 블로그 | 바로가기 | Login

세상을 지배하기 시작한 공룡

01 02 **03 세 번째 수업** 04 05 06

카테고리

과학 블로그 3부
- 첫 번째 수업
- 두 번째 수업
- **세 번째 수업**
- 네 번째 수업
- 다섯 번째 수업
- 여섯 번째 수업

만만한 과학용어 검색

디플로도쿠스
중생대 쥐라기에 번성한 파충류입니다. 몸길이가 27미터로 지금까지 발견된 공룡 중 세이스모사우루스 다음으로 깁니다. 긴 목과 채찍 모양의 긴 꼬리를 가지고 있으며 머리는 60센티미터로 몸집에 비해 아주 작습니다. 이빨은 질긴 식물을 씹기에 적합하지 않고 목을 많이 올릴 수 없었기 때문에 고사리, 은행나무 등 낮게 자라는 식물을 먹었을 것으로 추정됩니다. 채찍 모양의 꼬리는 육식 공룡의 공격으로부터 자신을 방어하는 데 쓰였으며 다리가 깁니다.

트라이아스기가 끝나고 쥐라기에 들어서자 공룡의 몸집이 아주 커지고 흥미로운 형태로 발전했습니다. 쥐라기 초기에는 하나로 붙어 있던 대륙도 서서히 갈라지기 시작해 바다가 늘어나고 대륙 안쪽까지 고온에 습도가 높은 상태가 되었습니다. 이 시기에는 초식성 공룡인 브론토사우루스와 디플로도쿠스, 뿔이 나 있는 스테고사우루스, 거대한 육식 동물이며 두 발 달린 알로사우루스 등이 있었습니다.

알로사우루스는 티라노사우루스만큼이나 잘 알려진 공룡으로, 지금의 미국 로키 산맥 일대를 지배하고 있었습니다. 크기도 최대 12미터인 알로사우루스는 여러 마리가 무리지

디플로도쿠스

어 다니며 키가 12미터가 넘는 아파토사우루스같은 공룡을 사냥했을 것으로 보고 있습니다. 이러한 사실은 아파토사우루스의 화석에서 알로사우루스의 이빨 자국이 발견되면서 알려졌습니다.

한편, 알로사우루스와 경쟁하던 공룡도 있습니다. '뿔이 있는 도마뱀'이라는 뜻을 가진 케라토사우루스가 그 공룡입니다. 눈 위에 날카로운 뿔을 가지고 있었으며 자기보다 몸집이 큰 공룡을 잡아먹었던 것으로 보입니다. 이 시기에 몸길이가 무려 23미터나 되고 몸무게가 77톤에 이르는 공룡도 있었습니다. 이 공룡의 이름은 브라키오사우루스인데 아프리카와 북미 대륙에 살던 초식 공룡이었습니다. 과학자들이 45미터까지 자라는 사이스모사우루스의 화석을 발견하기 전까지 오랫동안 브라키오사우루스가 가장 크고 무거운 공룡으로 알려져 있었습니다.

브라키오사우루스

만만한 과학용어 검색

알로사우루스
중생대 쥐라기 후기에 번성하였으며, 강력한 사냥꾼으로 육식 공룡이었습니다. 튼튼한 두 다리와 S자로 휘어진 강한 목, 튼튼한 뼈를 가지고 있었습니다. 머리의 길이가 1미터에 이를 정도로 컸으며 날카로운 이빨이 30여 개나 되어 먹이를 잡아먹거나 싸우기에 적합했을 것으로 보입니다. 주로 혼자 사냥하면서 초식 공룡, 육식 공룡 등을 잡아먹었던 것으로 보이며 몸집이 커서 빠르게 뛰지는 못했을 것으로 추정되고 있습니다.

쥐라기의 화석
이때는 풍부한 먹이로 인해 용각류인 아파토사우루스, 디플로도쿠스, 브라키오사우루스 등 거대한 초식 공룡의 화석이 발견됩니다. 검룡류 초식동물인 스테고사우루스와 안킬로사우루스, 조각류의 화석도 볼 수 있으며 쥐라기의 하늘을 지배했던 익룡류의 화석도 있습니다. 바다에서 살았던 생물로는 어룡과 모사사우루스 화석이 있습니다.

쥐라기의 공룡

초식 공룡들은 점차 크기가 커져 브라키오사우루스, 아파토사우루스, 디플로도쿠스, 세이모사우루스와 같은 대형 공룡들이 등장합니다. 그리고 두 발로 보행했던 육식 공룡으로는 알로사우루스가 있으며, 쥐라기의 육식 공룡은 대부분 몸집이 그렇게 크지는 않았습니다. 이들 공룡은 모두 용각류에 속합니다. 새와 비슷한 골반을 가진 조각류의 공룡들도 있습니다. 초식 공룡 중 네 발로 걸어 다닌 무리 중에서는 스테고사우루스가 가장 유명하며, 새들의 조상으로 알려진 시조새가 등장하였습니다. 튼튼한 날개와 강한 근육을 가진 프테로사우루스 같은 익룡류가 하늘을 지배하였습니다. 또한, 쥐라기 초기의 바다에서는 어룡과 모사사우루스가 경쟁했으며, 후기에는 수장룡이 우세해졌습니다. 그리고 해양 파충류로는 익티오사우루스가 있었는데 대량 멸종기에 심한 타격을 입기는 했어도 쥐라기에 계속 생존하였습니다.

아파토사우루스의 화석

쥐라기의 식물

초기의 식물 세계는 따뜻하였고 습기가 많은 강변에는 식물이 무성하였으며, 양치식물과 겉씨식물만 있었습니다. 즙이 많고 1년 내내 열매를 맺는 베네티타목 등이 있었으며, 은행나무목도 있었습니다. 중기에 접어들면서 그린란드나 남극 등에서도 식물이 자라납니다. 겉씨식물인 침엽수와 소철이 번성하였으며, 바다에서는 현생 산호류가 번성하기 시작했습니다. 또한, 양치류와 속새류가 땅을 뒤덮었고 은행나무와 나무고사리가 강과 호수 주위에 무성했습니다.

후기에 들어서자 유럽 쪽은 열대 기후로 겉씨식물이 무성했고, 동아시아에는 열대성·아열대성·냉온대성·난온대성 식물이 무성했습니다.

한반도의 공룡

천년부경용 (千年蓋慶龍, Pukyngsaurus millenniumi)

부경사우루스(Pukyngsaurus millenniumi)라고도 하며, 공룡 중 유일하게 한국어에서 유래한 이름을 갖고 있습니다. 백악기에 살았던 목이 긴 초식 공룡이며, 1998년 12월 5일 경남 하동군 금성면 갈사리 앞바다의 작은 돌섬에서 발견되었습니다.

천년부경용은 1억 4,000만 년 전 백악기에 살았던 것으로 추정되며, 머리에서 꼬리까지의 길이가 20미터 정도나 되는 공룡입니다.

고성 공룡 발자국

고성 공룡 화석지는 공룡 발자국 화석 산지 가운데 여수와 더불어 발자국 산지로는 세계 최대 규모 중의 하나입니다. 고성 지역 공룡 발자국 화석층에 기록된 자료를 보면 이 지역은 백악기 당시 공룡들이 이곳에 있었던 호수를 이용했음을 말해주고 있습니다.

최초의 포유류

　트라이아스기 후기에 최초의 포유류가 등장합니다. 이들은 주머니쥐와 유사한 모습에 몸에 털이 나 있었으며, 10센티미터가 채 안 될 정도로 몸집이 아주 작았습니다. 주로 곤충을 잡아먹었으며 파충류의 알도 먹었다고 합니다. 이들 원시 포유류에는 메가조스트로돈, 에오조스트로돈, 모르가누코돈 등이 있었으며, 이 중에서 모르가누코돈이 가장 잘 알려져 있습니다.

　공룡들의 전성시대였던 쥐라기부터 백악기까지의 포유류는 생존을 위해 주로 밤에 활동해야 했으므로 몸집이 작은 야행성 척추동물의 모습이었으며, 주로 곤충 등을 잡아먹고 살았습니다. 이러한 환경의 제약으로 크게 진화하지 못했으며 공룡이 멸종된 뒤 신생대에 들어와 포유류들의 진화가 폭발적으로 진행되었습니다.

　최초의 고래가 바다에서 서식하게 되었고, 몸집이 점점 커져 말, 코뿔소, 매머드 등이 등장하였으며 영장류에서 보다 진화한 인류의 조상들도 모습을 드러내기 시작했습니다. 약 4,000만 년 전부터 오늘날과 같은 포유류 집단이 출현하게 되었습니다. 여러 차례의 빙하기를 거치면서 형태와 습성, 분포가 다양해졌고 지구 상의 거의 모든 지역에서 포유류가 서식하게 되었습니다.

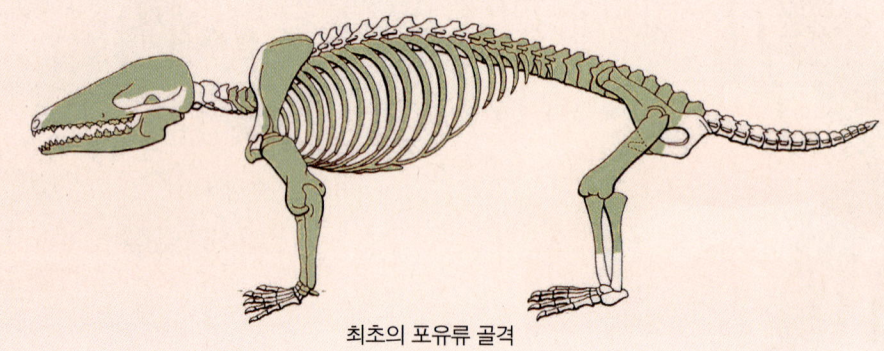

최초의 포유류 골격

쉿! 상위 1%로 가는 비밀 수업 과학 블로그 내 블로그 | 바로가기 | Login

공룡의 낙원, 백악기

01 02 03 **04 네 번째 수업** 05 06

카테고리

과학 블로그 3부
- 첫 번째 수업
- 두 번째 수업
- 세 번째 수업
- **네 번째 수업**
- 다섯 번째 수업
- 여섯 번째 수업

공룡은 쥐라기를 지나 백악기에 들어서자 다양한 종류가 나타나고 크게 번성했으나 말기에 와서 갑자기 멸종되었습니다. 우리나라에서도 백악기 공룡의 흔적들이 많이 발견되고 있습니다. 우리나라에서 복원된 '천년부경용'이라는 한글 이름을 가진 공룡도 이 시기의 공룡입니다.

백악기에는 공룡들이 사는 환경도 많이 바뀌었습니다. 처음으로 꽃이 피는 식물과 나무가 등장하고 새들도 본격적으로 등장하게 됩니다. 그 새들 사이에는 하늘을 나는 프테로사우루스라는 파충류도 있었습니다. 우리에게 가장 익숙한 티라노사우루스, 뿔 달린 트리케라톱스와 같은 공룡도 이 시기에 활동했습니다.

티라노사우루스는 몸길이가 15미터나 되는 거대한 육식 공룡이었습니다. 그들은 목은 짧았지만

프테로사우루스

유연했으며 날카로운 이빨과 강한 몸통을 갖고 있어 커다란 고깃덩어리를 뜯어낼 수 있었습니다. 그들의 또 다른 무기는 뒷다리의 날카로운 발톱이었습니다. 그들의 발톱은 먹이를 찢는 데 중요한 역할을 했습니다.

티라노사우루스가 활동하던 시기의 대표적인 초식 공룡인 트리케라톱스는 '뿔이 셋 달린 얼굴'이라는 뜻으로, 지금까지 발견된 케라톱스들 중에서 가장 많이 알려져 있습니다. 이들은 다른 케라톱스들처럼 같은 종족끼리 무리지어 살았으며 머리에 난 뿔의 크기와 수, 모양을 보고 종족을 확인했을 것입니다.

또 하나 특이한 공룡이 있습니다. 스피노사우루스라고 불리는 이 공룡은 '등뼈 파충류'라는 뜻을 가지고 있습니다. 영화에서 티라노사우루스와

만만한 과학용어 〔검색〕

티라노사우루스

중생대 백악기에 번성했던 대표적인 육식 공룡입니다. 몸길이가 약 12~15미터이며, 키는 6미터에 이릅니다. 골격이 튼튼하고 몸에 비해 큰 머리, 튼튼한 턱, 크고 날카로운 이빨을 가지고 있습니다. 후각이 발달하였고 눈이 정면을 향해 있어 입체감을 느낄 수 있었을 것으로 보입니다. 앞다리는 육중한 뒷다리에 비해 상당히 짧고 작으며, 꼬리는 몸의 중심을 잡는 역할을 한 것으로 추정됩니다.

함께 자주 등장하는 이 공룡은 등에 높이가 2미터나 되는 등뼈를 가지고 있습니다. 이것은 아마도 온도를 조절하기 위해 필요했던 것으로 보입니다.

어류 중에는 현대 어류의 조상으로 보이는 것들이 있는데, 가장 잘 알려진 중생대 어류는 셀라키이목의 상어

만만한 과학용어 〔검색〕

트라케라톱스

중생대 백악기 후기에 활동했던 초식성 공룡입니다. 몸길이는 6~9미터에 이르며, 몸에 비해 머리가 큽니다. 네 개의 다리로 움직이고 입은 마치 새의 부리처럼 생겼습니다.
두 눈과 콧등 위에 세 개의 뿔이 있으며 넓은 골판이 목을 감싸고 있습니다. 이것들은 모두 뼈가 발달하여 생긴 것으로 천적의 공격을 막는 데 사용한 것으로 추정됩니다. 모노클로니우스(Monoclonius)와 친척 관계입니다.

134

이며, 그 모습은 지금의 상어와 거의 같습니다. 그리고 백악기의 대표적인 것으로 우리에게 많이 알려진 암모나이트도 있습니다. 암모나이트는 앵무조개의 일종으로 번성했으나, 공룡처럼 중생대 백악기 말에 갑자기 사라져 버렸습니다.

만만한 과학용어 검색

암모나이트

중생대의 대표적인 화석으로 연체동물에 속하는 두족류입니다. 고생대 석탄기에 처음으로 나타났다가 중생대 백악기에 멸종하였으며, 중생대에 주로 번성하여 표준 화석으로 받아들여지고 있습니다. 달팽이 모양의 나선형 껍데기를 갖고 있으나, 형태는 오징어류에 가깝고 앵무조개와 비슷하게 생겼습니다.
크기는 지름 약 2센티미터에서 2.5미터 정도이고 생존 기간은 짧았지만 종류가 많아서 세계 여러 곳에서 발견되고 있습니다. 그리고 많은 종이 육식성이었으며, 바다 위를 떠다녔다고 합니다.

자연 속의 수열

    1, 2, 3, 5, 8, 13, 21 … 등의 순서 배열을 피보나치 수열이라 하는데, 이 수열은 자연과 우리 일상생활 속에서 쉽게 발견할 수 있습니다.

    피아노 건반은 흰 건반 8개와 검은 건반 5개로 기본 13옥타브로 구성되어 있으며 검은 건반이 2개, 3개씩 배열되어 있어 2, 3, 5, 8…의 순서로 수열을 이룹니다.

    솔방울도 잘 살펴보면 오른쪽 나선과 왼쪽 나선의 수가 8개와 5개인데, 5와 8은 피보나치 수열에서 서로 이웃하는 항입니다. 이와 비슷하게 파인애플 또한 왼쪽 8줄, 오른쪽 13줄의 다이아몬드 무늬 모양이 배열되어 있습니다.

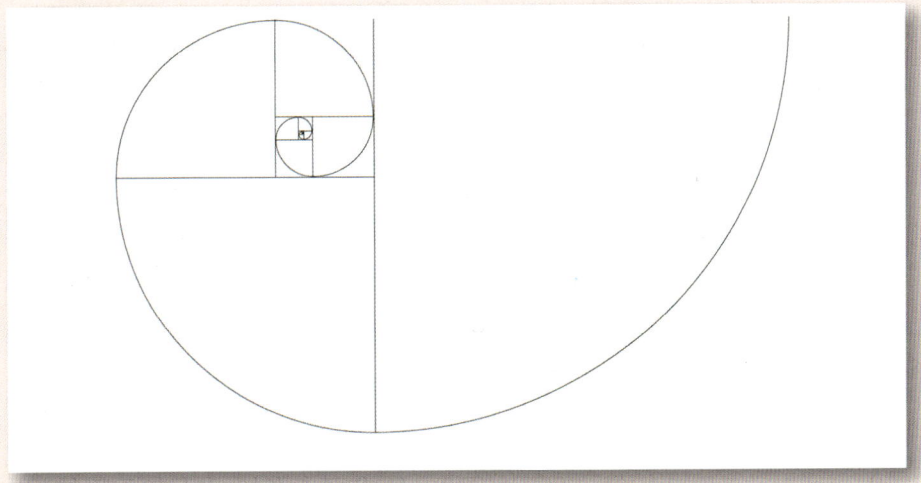

달팽이의 껍데기 및 많은 바다생물(암모나이트, 앵무조개 등)의 껍데기는 나선형인데, 이것에서도 피보나치 수열을 찾아볼 수 있습니다. 이는 한 변의 길이가 1, 1, 2, 3, 5, 8, 13으로 피보나치수인 정사각형을 그린 다음 곡선으로 연결하여 그리면 나선형 곡선이 되기 때문입니다. 이처럼 피보나치 수열은 우리 일상생활과 자연 곳곳에 숨어 있습니다.

살아 있는 화석

실러캔스 화석

생물 중에는 수억 만 년 전에 나타나 멸종되지 않고 처음과 거의 비슷한 모습으로 지금까지 살고 있는 것들이 있는데, 이를 '살아 있는 화석'이라고 합니다.

공룡과 함께 생존했던 살아 있는 화석으로는 소철, 메타세콰이어, 은행나무, 오리너구리 등이 있으며 공룡이 나타나기 전부터 지구 상에 살았던 것으로는 실러캔스나 바퀴벌레, 투구게, 앵무조개 등이 있습니다.

또 바다거북과 상어, 악어, 양치식물(고사리), 잠자리, 파리, 개미, 전갈 등이 있으며 백악기 말에는 쥐 종류도 나타났습니다.

한반도 공룡 (하드로사우루스)

우리나라에서 그 흔적이 발견된 공룡 중 7,000만~8,000만 년 전 백악기 말기에 서식한 하드로사우루스(Hadrosaurus)가 있습니다. '오리부리공룡'으로 불리는 하드로사우루스는 공룡의 멸종 시기에 살았던 초식 공룡으로, 무게가 5~6톤 정도이며 덩치가 작은 편이었습니다. 이 공룡은 뒷다리가 앞다리보다 길고 평상시에는 네 다리로 걸었으며, 위급 상황 시에는 두 다리로 달렸을 것으로 추측하고 있습니다. 꼬리는 튼튼한 근육으로 지탱되어 땅에 끌리지 않고 수평으로 들려 있었습니다. 이 공룡은 성질이 온순하며 무리지어 생활했습니다.

하드로사우루스 무리

새들의 조상

05 다섯 번째 수업

카테고리

과학 블로그 3부
- 첫 번째 수업
- 두 번째 수업
- 세 번째 수업
- 네 번째 수업
- 다섯 번째 수업
- 여섯 번째 수업

새의 조상이라고 알려진 시조새와 익룡은 어땠을까요? 우리가 알고 있는 대형 공룡들이 등장하기 훨씬 전인 트라이아스기의 작은 파충류들은 이상하게 생긴 날개와 낙하산처럼 생긴 것을 이용해 나무와 나무 사이를 날아다녔습니다.

그러다가 쥐라기에 들어서자 새의 조상이라는 시조새가 나타납니다. 하지만 이 시조새보다 먼저 하늘을 난 파충류 공룡이 있었습니다. 퀴네오사우루스 등은 대형 공룡들이 지구상에 나타나기 훨씬 전인 약 2억 2,500만 년부터 공중을 날아다녔습니다. 이

시기는 트라이아스기입니다.

　이때 이미 하늘을 날아다니며 작은 공룡을 잡아먹던 대형 파충류가 있었고, 처음으로 한 쌍의 날개로 날아다닌 초기 공룡도 있었습니다. 몸길이가 70센티미터 정도인 쿼네오사우루스는 갈비뼈가 바깥쪽으로 뻗어 나와 몸 양쪽에 커다란 막을 만들어 행글라이더나 낙하산처럼 활강을 할 수 있었습니다.

　날개가 달린 파충류인 익룡의 크

만만한 과학용어 검색

쿼네오사우루스

지구 역사상 최초의 새이자 파충류로 공룡들이 나타나기 훨씬 전인 2억 2,500만 년 전에 날개를 가지고 공중을 날아다녔습니다. 1950년대에 브리스톨 인근 동굴에서 최초로 발견되었으며, 몸길이는 최고 70센티미터에 이릅니다.
현재까지의 연구 결과 쿼네오사우루스는 갈비뼈가 특이하게 뻗어 나와 몸 양쪽에 커다란 활강용 표면 조직을 형성한 것으로 밝혀졌습니다.

게 퍼진 날개는 과학적으로 볼 때 비효율적이어서 논란이 많았습니다. 그래서 고생물학자들은 익룡의 비행 방법을 두 가지로 제시해 왔습니다.

비행기처럼 땅에서 이륙하며 날았다는 설과 행글라이더처럼 높은 곳에서 뛰어내리며 날았다는 설이 그것입니다. 익룡은 후에 하늘을 나는 조류와 서로 경쟁하다가 멸종된 것으로 보고 있으나, 새들이 이들로부터 진화한 것이라는 의견도 있습니다.

사실상 조류가 파충류에서 진화했다는 사실을 증명해주는 것으로는 시조새 화석이 있습니다. 이 화석은 부리에 난 이빨들과 작은 공룡의 것과 흡사한 두 다리 등 파충류의 특징뿐만 아니라 파충류의 비늘에서 진화한 깃털과 완전하지는 않지만 두 날개를 갖고 있습니다. 또한, 시조새의 크기는 까마귀에 가까울 정도로 아주 작았습니다.

익룡의 비행 원리

익룡은 실제로 날개를 휘저어 직접 날지 못하여 절벽 같은 곳에서 떨어지면서 바람을 타고 비행했습니다. 글라이더 방식의 비행 방법처럼 상승 기류를 이용하여 활강 비행을 한 것입니다. 이렇게 날기 시작하면 한 번에 수백 킬로미터를 날 수 있었으며, 추같이 생긴 꼬리는 방향을 바꿀 때 쓰였습니다.

위로 날아올라 갈 때에는 밑에서부터 올라가는 따뜻한 공기의 흐름을 타고 공중으로 올라간 것으로 추정되며, 사냥을 할 때에는 물 표면을 가로지르면서 먹이를 낚아채거나 주로 높은 곳에 있는 사냥감을 낚아채면서 날아올랐습니다.

현재 익룡과 비슷하게 비행하는 새로는 알바트로스가 있습니다.

알바트로스

새의 비행 원리

　새가 날 수 있는 이유는 가볍고 강한 골격과 날개를 갖고 있기 때문입니다. 날개를 움직임으로써 하늘을 나는 추진력을 얻어 날 수 있습니다. 날개에 작용하는 무게는 체중의 세제곱근에 비례하기 때문에 상대적으로 큰 새보다 작은 새가 유리하며, 어느 정도 이상의 몸집을 가진 동물은 날 수 없는 것으로 알려져 있습니다.

　새의 날개는 비행기의 날개와 프로펠러가 조합된 것으로, 날개의 안쪽 절반은 몸을 상승시키는 힘인 양력을 발생시키는 역할을 하고, 날개의 바깥쪽 절반은 프로펠러와 같이 추진력을 발생시킵니다. 이 날개 바깥쪽 부분이 비행 중에 비틀려서 안쪽 부분과 받음각이 다른 상태로 공기에 파고듭니다. 받음각의 차이에 따라 앞으로 나아가기도 하고 브레이크가 걸리기도 합니다.

　새의 날개 모양은 습성과 환경에 따라 다르게 발달하였으며 그에 따라 쓰임새와 능력 또한 다양합니다.

 ## 화석이 만들어지는 과정

화석은 지층이 형성될 때 함께 만들어지며 대부분 강바닥이나 바다 밑에서 퇴적작용에 의해 만들어집니다. 그래서 화석은 퇴적암에서 발견되는 것이며, 흔히 보는 화석은 강이나 바다에서 살던 생물이 많습니다.

먼저 죽은 생물체가 강바닥이나 바다 밑에 쌓이고, 그 위에 퇴적물이 쌓여 지층을 형성하면 화석이 만들어집니다. 화석이 발견되기 위해서는 지층이 힘을 받아 물 위로 솟아오르고 돌, 바람 등에 지층이 깎여 드러나야 합니다.

지층 속에 묻힌 생물체의 단단하지 않은 부분은 썩어서 거의 남지 않지만 단단한 부분은 오랫동안 썩지 않고 지층 속에 남아 있을 수 있습니다. 물고기 뼈나 조개껍데기, 나뭇잎 잎맥 등이 화석으로 남아 있는 경우가 많은 것은 이 부분들이 잘 썩지 않기 때문입니다.

그리고 화석이 되기 위해서는 암석으로 굳어지거나 단단한 성분으로 바뀌는 '화석화 작용'을 거쳐야 합니다.

1 약 1억 5,000만 년전 쥐라기에 암모나이트 라는 조개가 죽어 해저에 가라앉는다.

2 암모나이트의 말랑말랑한 몸은 썩거나 포식자에게 먹힌다.

3 텅 빈 껍데기는 모래와 진흙으로 뒤덮인다.

4 모래와 진흙의 층은 압력을 받아서 암석이 되고, 융기하여 해수면보다 높아진다.

5 침식 작용에 의한 지면이 부서지면서 암모나이트의 화석이 드러난다.

6 화석 수집가는 암석을 쪼개서 화석이 드러나도록 한다.

생체 모방 과학

자연에서 배우는 지혜

개미는 우리 주변에서 흔히 찾아볼 수 있는 생물입니다. 이들 개미에게는 인간이 도저히 흉내낼 수 없는 힘이 있습니다. 개미는 자기 몸무게의 수십 배가 되는 물체도 거뜬히 들어 올릴 수 있습니다.

또 예전에는 흔했지만 지금은 거의 사라진 벼룩은 높이뛰기 선수일 것입니다. 벼룩이 뛰어오르는 높이는 자기 키의 수십 배 내지 수백 배는 될 것입니다.

이렇듯 자연 속에서 볼 수 있는 생물들은 생존을 위해 다양한 장점들을 가지고 있습니다. 이러한 자연을 모방해 인간에게 필요한 것들을 만들어 내는 기술이 발전하고 있습니다. 개코도마뱀이라는 동물도 그중 하나입니다. 개코도마뱀

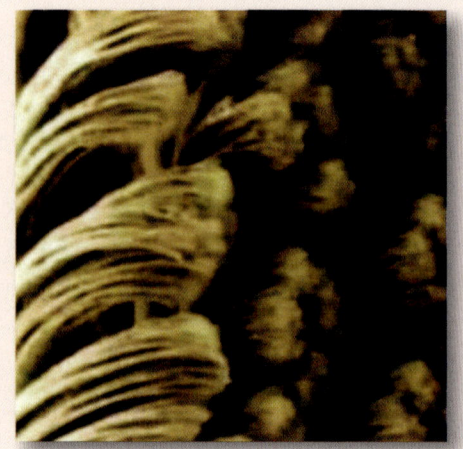

은 아무리 미끄럽거나 수직인 벽이라도 아무런 장비 없이 기어오를 수 있습니다. 이것이 가능한 것은 발에 난 미세한 털들 때문입니다. 이 털의 끝 부분이 두 갈래로 갈라져 있어 힘을 분산해 기어오를 수 있는 것입니다. 이러한 원리를 이용해 개발한 것이 바로 스마트 테이프입니다. 스마트 테이프는 벽에 무엇을 붙이거나 뗄 때 아주 유용하게 쓰입니다.

그 밖에도 연잎에 물방울이 맺히지 않고 흘러내리는 원리를 응용해 만든 것이 연잎모사유리입니다. 이 유리를 자동차의 창에 이용하면 비나 눈이 내릴 때도 아무런 문제 없이 앞을 볼 수 있게 해줍니다.

또 유명한 파리의 에펠탑도 인체를 모방하여 만든 것입니다. 에펠탑이 무게를 견디고 안정적으로 서 있을 수 있는 것은 인체의 다리와 엉덩이의 구조를 이용했기 때문입니다. 이렇듯 자연의 모방을 통해 많은 것을 배울 수 있으며, 실제로 이것을 응용해 우리 생활에 유용한 물건을 만들기도 합니다.

지구에 닥친 위기
소행성 충돌과 공룡의 멸종

06 여섯 번째 수업

카테고리

과학 블로그 3부
- 첫 번째 수업
- 두 번째 수업
- 세 번째 수업
- 네 번째 수업
- 다섯 번째 수업
- **여섯 번째 수업**

　공룡의 예에서 볼 수 있듯이 지구상에 존재하는 것들은 시간이 흐름에 따라 진화와 멸종이라는 변화를 겪습니다. 어떤 변화는 우리가 눈치채지 못할 정도로 서서히 일어나지만 어떤 변화는 눈 깜짝할 사이에 일어납니다. 그런 급격한 변화의 대표적인 것은 한때 지구를 지배했던 공

룡들을 한순간에 사라지게 한 소행성 충돌과 같은 것이 있습니다.

이러한 소행성 충돌 이론은 지질학자들이 먼저 주장했습니다. 대략 6,500만 년 전에 거대한 공룡들이 갑자기 자취를 감춘 시기에 만들어진 지층을 발견하면서부터입니다. 학자들은 그 지층을 'KT 경계층'이라고 이름 붙였습니다.

그렇다면 이 경계층이 만들어진 신생대와 중생대 사이에 대체 무슨 일이 일어난 것일까요? 그것은 공룡들에게는 끔찍한 재앙

만만한 과학용어 검색

KT 경계층

약 6,500만 년 전, 백악기와 신생대 사이에 있었던 석회석층 사이의 붉은 점토층을 말합니다. 두께는 약 5센티미터 정도 되며, 운석에서 많이 발견되는 이리듐이라는 원소가 보통 값의 300배가 넘는 함량이 들어 있습니다.
운석 가루가 떨어져 쌓인 흔적입니다. 이 기간 동안 갑자기 공룡이 사라져 버립니다. 경계를 기준으로 화석의 종류가 극적으로 바뀌며 이것은 두 지질 시대를 구분하는 기준이 됩니다. 전 세계적으로 이 경계층이 발견되었으며, 이 지층을 기준으로 75퍼센트의 종이 멸종되었습니다. 화석의 종류가 너무나 극적으로 바뀌었기 때문에 학자들은 이 시기에 운석의 충돌이나 대학살이 있었을 것으로 추정하고 있습니다.

이었습니다. 먼 우주로부터 에베레스트 산보다 더 높은 지름 10킬로미터의 소행성이 시속 10만 7,000킬로미터의 속도로 날아와 지구와 충돌한 것이었습니다. 소리의 속도가 시속 1,200킬로미터이니 소행성의 속도가 얼마나 빨랐을지 짐작할 수 있을 것입니다.

그것은 전 세계에 있는 핵무기를 모두 합친 것보다 10배가 넘는 위력이었습니다. 더 가까운 예로 1945년에 이웃 일본의 히로시마에 떨어진 원자폭탄의 100억 배에 이릅니다. 그 충돌로 엄청난 먼지 구름이 하늘을 뒤덮어 이 세상은 암흑세계로 돌변했습니다. 그리고 하늘에서는 시뻘건 불덩어리들이 사방으로 쏟아져 내렸습니다. 공기는 독가스와 먼지로 가득 차게 되었고 공룡을 포함한 생물체들은 절반 이상 뜨거운 불 속으

로 사라졌습니다. 이때 만들어진 구덩이의 크기가 자그마치 200킬로미터 정도였으니 아마도 서울에서 대전까지의 모든 도시들이 그 안에 들어갈 수 있었을 것입니다. 충돌 이후 그 여파로 엄청난 양의 산성비가 내리고 불덩어리의 화학 성분이 녹아 우리의 지구는 치명적인 상태가 되었습니다.

그리고 충돌로 인해 발생한 재가 햇빛을 완전히 가려 버렸습니다. 그로 인해 지구에는 춥고도 긴 어둠이 찾아오게 되었습니다. 불길을 피한

미국 애리조나 사막에 있는 직경 1.6킬로미터, 깊이 170미터의 운석 구덩이입니다. 2만 년 전, 무게가 200만 톤으로 추정되는 철과 니켈로 된 운석이 추락한 흔적입니다. 이것은 수소폭탄 1메가톤급 30개 분량의 엄청난 파괴력을 가진 것입니다.

전 세계에 있는 핵폭탄을 모두 합친 것보다 더 강한 폭발력을 가진 소행성 충돌로 1 억 6,000만 년이라는 긴 세월 동안 지구를 지배해 온 공룡이 멸종했습니다. 이러한 소행성 충돌은 처음에는 강한 열이 지구상의 동물과 식물을 불태웠고 다음으로는 충돌로 솟아오른 먼지들에 의해 지구의 하늘이 덮이면서 광합성을 하지 못하게 된 식물이 죽자 그 식물을 먹고 살던 초식동물들도 죽음을 맞이하게 됩니다. 결국 먹이사슬의 최정점에 있던 육식동물들마저 사라지는 계기가 되었습니다.

멕시코 유카탄 반도의 운석 추락 지점

공룡들도 추위와 배고픔으로 하나둘 죽어가게 되었습니다. 맨 처음에는 광합성을 하지 못하게 된 식물들이 말라 죽었고, 그 다음으로 그 식물들을 먹고 사는 초식동물들이 사라졌습니다. 그렇게 되자 이번에는 육식동물들의 먹을 것이 사라져 버렸습니다.

이렇게 해서 1억 6,000만 년이라는 긴 세월 동안 지구를 지배해 온 공룡이 사라졌습니다. 하지만 문제는 더 남아 있습니다. 이들을 멸종으로 몰고 간 소행성이 충돌한 흔적을 찾아야만 공룡들의 멸종을 증명할 수 있으니까요. 그 정도 크기의 소행성이 부딪혔다면 엄청난 규모의 구덩이가 남아 있어야 합니다.

그러다가 마침내 지질학자들은 멕시코에서 6,500만 년 전에 일어난 소행성 충돌의 흔적을 발견했습니다. 지름이 180킬로미터이고 깊이가 900미터에 이르는 거대한 구덩이였습니다. 이것은 유카탄 반도의 만에 있는 퇴적층에서 발견되었습니다.

이러한 소행성 충돌 외에 또 다른 원인으로는 중생대 백악기 말 인도의 데칸 고원에서 용암이 분출되어 가스와 먼지로 공룡이 멸종했다는 주장도 있습니다. 이 두 가지 사건은 어쩌면 한꺼번에 일어났을 가능성도 있습니다.

공룡이 멸종된 이후 세상을 지배할 인류가 나타나기까지는 그로부터 오랜 세월이 흐르게 됩니다. 그때까지는 포유류로 남아 있던 이 종은 공룡이 살던 시대에 함께 존재해 왔습니다. 공룡과 포유류는 서로 영향을 미치며 진화해 왔습니다. 공룡에 비해 힘이 약하고 몸집도 작았던 포유류는 공룡이 돌아다니는 낮을 피해 밤에만 활동해야 했습니다. 그리고 포유류가 이렇게 진화할 수 있었던 것은 공룡의 위협으로부터 살아남아야 했기 때문입니다.

그리고 대재앙이 시작되자 몸집이 작은 포유류들은 땅을 파고 들어가 불과 추위를 피해 숨어 있다가 위험이 사라졌을 때 다시 밖으로 나와 세상을 정복하게 되었습니다.

만만한 과학용어 〔검색〕

데칸 고원의 화산 폭발

인도에 위치한 데칸 고원의 넓이는 한반도의 열 배 정도 되며, 데칸 고원을 덮고 있는 현무암질 용암의 평균 두께는 600미터이고 용암의 양도 약 120만 평방킬로미터로 추정됩니다. 이 거대한 데칸 고원을 만든 용암은 약 100만 년 동안 폭발한 것으로 보이며, 화산 폭발 시점이 중생대 말 대멸종의 시기와 일치하여 대멸종의 원인으로 추정되고 있습니다.

이러한 데칸 고원의 화산 폭발은 엄청난 기후 변화를 일으켰을 뿐만 아니라 화산재의 성분이 공룡의 알을 부화하지 못하게 했을 것으로 추정됩니다.

딥 임팩트

영화 〈딥 임팩트〉에서, 사람들은 소행성과 지구가 충돌할 것을 미리 예측하고 혜성을 우주에서 공중분해 시켜 버릴 작전을 세웁니다. 그래서 우주선을 쏘아 올린 다음 소행성의 중간 지점에 폭발물을 설치하여 터뜨리려 했는데, 예기치 못하게 혜성의 빠른 자전으로 인해 태양 광선과 혜성의 자체 열이 발생합니다.

이로 인해 소행성이 큰 덩어리와 작은 덩어리의 둘로 쪼개져 실패하게 되지만, 우주선이 소행성의 큰 덩어리 틈 안으로 핵폭탄을 싣고 들어가 자폭하여 결국 소행성은 공중분해 됩니다.

하지만 이 영화에는 몇 가지 오류가 있습니다. 마지막 장면에서 주인공 소년과 여자친구는 바다에 떨어진 혜성이 만들어 낸 거대한 해일을 피해 산으로 올라가 살아남습니다. 하지만 실제로 혜성과 충돌하면 지구의 오존층이 파괴돼 강한 자외선에 그대로 노출되기 때문에 지상에 있다는 것 자체가 위험하다고 합니다. 그리고 아무리 혜성이 바다로 떨어졌다고 하더라도 지층의 먼지나 가스층이 위로 올라오기 때문에 질식해 죽거나 곧이어 몰아닥칠 '우주 겨울'로 얼어 죽게 됩니다.

또 피신처에 식물과 사람들을 옮겨 4년 후에 다시 세상에 나오도록 설계했다고 하는데, 행성이 충돌하면 지구는 이산화탄소로 뒤덮여 식물이 광합성을 하지 못해 6개월 이내에 멸종되고, 동물도 먹이사슬이 사라져 1년 내에 멸종하고 맙니다. 이산화탄소가 다 빠져나가고 다시 햇빛이 비쳐드는 시간은 누구도 장담할 수 없으며 최소한 수백만 년이 걸린다고 합니다. 그래서 4년 후에 세상 밖으로 나오더라도 지구는 더 이상 생명이 살 수 없는 세상으로 변해 있을 것입니다.

소행성 충돌 이후의 지구 결빙

지구와 소행성 사이에 충돌이 일어나면 지구는 핵겨울에 버금가는 엄청난 혹한의 소행성 겨울을 맞게 되며 생명체는 더 이상 존재할 수 없게 됩니다. 그 결과 일어나는 과정에 대해서는 과거 중생대에 일어났던 소행성 충돌로 예상할 수 있습니다.

연구 보고서에 따르면 소행성 충돌 이후에 광합성 중단, 시력 상실, 산성비, 오존 감소, 온난화, 냉각 등의 현상이 나타났다고 합니다. 충돌 후 지구는 불바다가 되고 삽시간에 기온의 변화가 일어납니다. 또 바다는 뜨거운 바람과 차가운 성층권 사이의 비정상적인 온도 차로 인해 엄청난 강풍이 불어 닥칩니다. 결국, 폐허가 된 지구의 바다 표면은 서서히 냉각되고, 바닷물의 양보다 훨씬 많은 잿가루와 먼지가 지구 전체를 뒤덮게 됩니다. 잿가루 등이 하늘을 뒤덮어 해와 달도 볼 수 없으며, 어둠이 지속하고 온도가 크게 떨어집니다. 또 대기 중에 떠오른 1,000톤에 달하는 먼지들이 오존층을 파괴시켜 지표면 온도가 점차 냉각되면서 기온이 빙점 이하로 떨어지게 됩니다. 결국, 먼지와 재 등이 눈과 함께 내리는 소행성 겨울이 10년간 지속될 것입니다.

4부
거인의 등장

Start

📙 교과 연계

- 초등 4 | 지층을 찾아서
- 초등 4 | 화석을 찾아서
- 초등 5 | 환경과 생물
- 초등 6 | 우리 몸의 생김새
- 중등 1 | 생물의 구성
- 중등 3 | 생식과 발생
- 중등 3 | 유전과 진화

- 01 첫번째 수업
- 02 두번째 수업
- 03 세번째 수업
- 04 네번째 수업
- 05 다섯번째 수업

최초의 인류

얼마 전까지 과학자들이 현대인의 조상이라고 믿었던, 유인원을 닮은 오스트랄로피테쿠스의 뼈는 그 연대가 400만 년에서 300만 년이나 거슬러 올라갑니다.

1974년, 인류학자인 도널드 요한슨 일행은 에티오피아에서 발굴 작업을 하던 중 놀라운 발견을 하게 됩니다. 바로 원인과에 해당하는 뼈의 잔해를 발견하게 된 것입니다. 원인과란 인간을 포함한 영장류를 말합니다. 발견된 화석의 키는 90센티미터 정도로 소녀의 것으로 보였으며, 발굴팀은 이 화석에 '루시'라는 이름을 붙여 주었습니다.

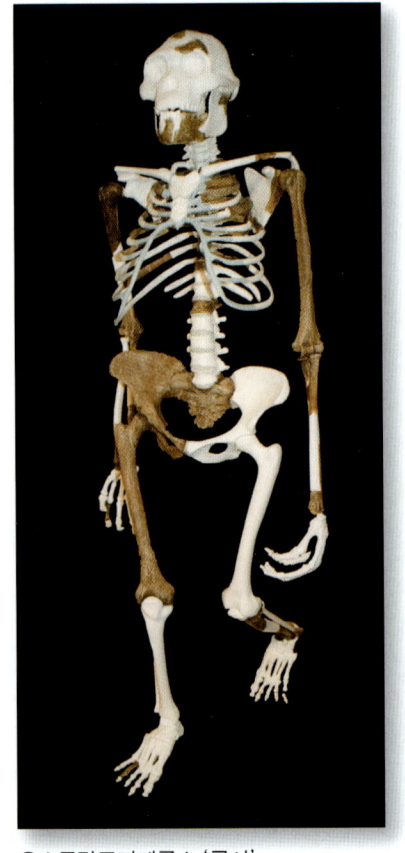

오스트랄로피테쿠스 '루시'

그 이전까지 발견된 화석은 채 10만 년이 되지 않은 것이었는데 루시는 무려 320만 년 전까지 거슬러 올라갑니다. 루시가 사람들을 흥분시킨 가장 큰 이유는 두 발로 걸었다는 것입니다. 많은 학자들은 과연 루시가 인간과 유인원을 잇는 중간 단계인지를 놓고 공방을 벌이기도 했습니다.

만만한 과학용어 [검색]

원인

인류와 유인원(침팬지, 고릴라, 오랑우탄)은 공통 조상에서 갈라져 나왔습니다. 그때부터 인류는 유인원과 사람의 중간 형태인 원인(猿人:선행 인류)을 거쳐 사람에게 더 가까운 원인(原人:초기 인류)을 지나 현생 인류로 진화해 온 것입니다.

원인은 약 250만 년 전에 등장했으며, 예전에 흔히 원시인(原始人)이라고 불렸던 구석기시대 인간으로, 호모 무리에 속합니다. 두 발로 걷기는 했지만 나무에 기어오르는 데 익숙했던 원인(猿人)이 완전하게 서서 걷게 되고 뇌가 갑자기 커지기 시작하면서 불과 도구를 사용하는 슬기로운 인간으로 발전한 것입니다.

하지만 최근에 와서 가장 오래된 인류 자리에는 오스트랄로피테쿠스가 아닌 '아르디피테쿠스'가 대신 들어섰습니다. 아르디피테쿠스 화석은 1994년, 에티오피아의 지층에서 발견됐으며 숲에서 살았을 것으로 추정됩니다. 아르디피테쿠스 다음이 오스트랄로피테쿠스가 된 것입니다. 오스트랄로피테쿠스는 몸은 사람의 모습에 가깝지만 두뇌는 원숭이 수준인

만만한 과학용어 [검색]

아르디피테쿠스

1992년, 아프리카에서 발견된 초기 유인원 화석입니다. 약 440만 년 전에 살았던 것으로 추정되며, 두 발 걷기의 초기 진화 단계를 보여주고 있어 가장 오래된 인류의 조상으로 추정됩니다. 오스트랄로피테쿠스 아나엔시스와 마찬가지로 삼림 지대에 살았던 것으로 추정되며, 키는 오스트랄로피테쿠스보다 작고 치아는 유인원과 비슷합니다.

'땅 위에 사는 유인원'이라는 뜻을 갖고 있으며, 인간보다는 유인원에 더 가깝습니다.

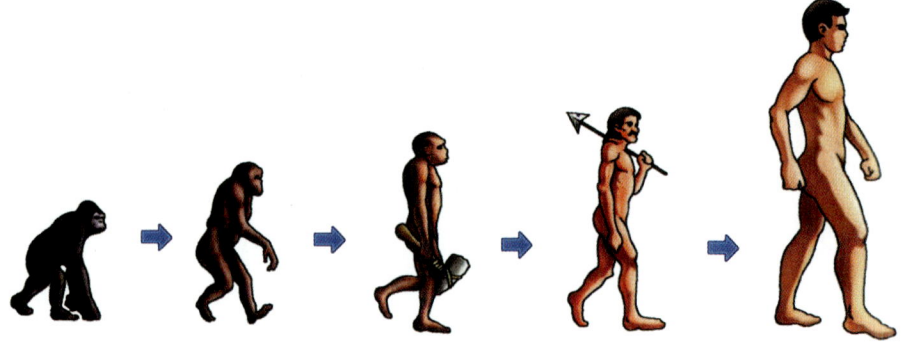

원시 인류입니다. 또 투박한 두개골을 가진 파란스로푸스, 케냐의 지층에서 발견된 케냔스로푸스 등도 새로 발견된 원시 인류입니다.

이들이 진화를 거듭해 현재와 같은 인간의 특성을 보여주는 인류를 '호모'라고 부릅니다. 호모 아래에는 다시 몇 가지 종(種)이 있습니다. 가장 먼저 출현한 종은 240만 년 전의 호모 하빌리스입니다. 과학자들은 이들이 나무를 잘 탔고 도구도 사용했으리라고 추정하고 있습니다.

그러다가 160만 년 전에 똑바로 서서 걷게 된 호모 에렉투스가 등장합니다. 호모 에렉투스는 약 100만 년 전부터 아프리카에서 나와 중동, 베이징, 유럽 등지로 이동했습니다. 유럽의 스페인에서는 호모 안티세서가 나타나고, 이후 현재의 인류와 같은 종인 호모 사피엔스가 등장했습니다.

인류의 최초의 발걸음에 대한 흥미 있는 발견도 있습니다. 바로 라에톨리에서 발견된 발자국 화석입니다. 1978년, 고생물학자인 메리

만만한 과학용어 검색

호모

생물에 이름을 붙일 때는 속명, 종명 순으로 명명하는데, '호모(homo)'는 속명을 가리킵니다.
속명에 호모를 붙이게 되면 사람과에 속하는 동물이라는 뜻입니다. 그래서 인류의 조상이라고 알려져 있는 호모 에렉투스, 호모 사피엔스 등의 이름 앞에 호모를 붙이는 것입니다. 보통 사람이나 생물에 이름을 붙일 때 속명에는 호모를 붙이고 종명에는 그 뜻을 담아 '사피엔스(현명한 사람)', '하빌리스(능력 있는 사람)' 등을 부여합니다.

리키 박사는 탄자니아의 라에톨리에서 인류의 기원에 관한 획기적인 발견을 하게 됩니다.

그것은 바로 석회암 표면에 찍힌 한 쌍의 뚜렷한 발자국이었습니다. 그것은 두 발로 걸은 원인류의 발자국이었습니다. 더욱 놀라운 것은 그 발자국이 360만 년 전의 것이라는 조사 결과가 나왔다는 것입니다.

이러한 발자국이 남을 수 있었던 것은 지금으로부터 370만 년 전에 우연히 발생한 자연 현상 때문이었습니다. 화산이 터지면서 발생한 화산재가 지표면을 뒤덮었습니다. 그리고 비가 내리자 그 화산재는 젖은 시멘

트와 같은 상태가 되었고, 그 위에 동물의 발자국이 찍힌 것입니다. 그 동물들의 발자국 사이로 원인류의 발자국이 찍혔습니다. 그 후 이곳에는 또 다른 화산 폭발이 있었고 재가 날아와 발자국이 나 있던 표면을 덮으면서

who are You? 검색

메리 리키(Mary Leakey, 1913~1996)

영국의 고고학자이자 고생물학자입니다. 인류가 출현하기 이전의 영장류의 중요한 화석을 많이 발견하여 고대 역사의 흐름을 바꾸었습니다. 남편 루이스 리키도 고고학자였는데, 메리가 발굴에 뛰어났다면 루이스는 아내가 발견한 화석을 해석하고 세상에 알리는 데 뛰어난 재능을 가지고 있었습니다.

메리가 발견한 중요한 화석으로는 1,800만 년 전에 살았던 유인원과 비슷한 동물인 '프로콘술 아프리카누스(Proconsul africanus)'의 두개골과 턱뼈 조각, 그리고 175만 년 전의 무덤에서 발굴한 초기 인류인 오스트랄로피테쿠스 보이세이(Australopithecus boisei)의 턱뼈가 있습니다. 또 현생 인류의 두개골과 좀 더 비슷한 두개골 파편을 발견해 호모 하빌리스(Homo habilis)라고 이름 지었습니다.

화석처럼 단단하게 굳은 것입니다. 그러다가 마침내 리키 박사에 의해 발견된 것입니다.

이러한 20세기의 중요한 발견들에 뒤이어 21세기가 시작된 2002년, 중부 아프리카에서 미셸 브뤼네 박사에 의해 '투마이'라는 원인류의 화석이 발견되었는데, '생명의 희망'이라는 뜻처럼 인류의 진화를 알려주는 희망이라고 할 수 있는 것이었습니다. 머리 구조는 그 이전에 발견된 원인류와 별다른 차이가 없었지만 치아 구조가 인간과 비슷했습니다. 투마이에서 발견된 이 두개골이 700만 년 전의 것으로 추정되면서 350만 년 된 '루시'보다 훨씬 더 오래되었

who are you? 검색

미셸 브뤼네(Michel Brunet)

프랑스 포와티에 대학의 교수이며 인류학자입니다.
　'투마이(Toumai) 화석'이라는, 인류의 진화를 추적해 나갈 수 있는 중요한 열쇠로 여겨지는 두개골 화석을 발견하였습니다. 중부 아프리카에서 발견된 이 화석은 지금까지 발견된 가장 오래된 원인(原人)보다 100만 년 정도 앞선 것이었습니다. 현지어로 '삶의 희망'이란 뜻의 '투마이'라는 이름이 붙은 이 원인의 두개골은 침팬지와 크기가 비슷하지만 성인 남자와 유사한 얼굴을 지녔습니다.
　브뤼네 교수의 발견으로, 500만~700만 년 전에 인류가 원숭이에서 분화했다는 기존 학설과는 달리, 인류와 원숭이의 분화 시기가 최소한 700만 년 전으로 거슬러 올라가게 되었습니다. 또 동아프리카를 인류 발상지로 하는 기존 학설은 수정되어야 했습니다.

다는 것이 밝혀졌습니다. 그만큼 고대 원인류가 다양했다는 것을 말해주고 있는 것입니다.

　투마이 화석이 중요한 이유는 우리가 생각한 것보다 더 많은 종의 원인류가 있을 수 있다는 것과 그들 중 가장 우세한 것이 진화를 통해 살아남았다는 것입니다.

 ## 방사성동위원소

방사성 탄소-14의 붕괴를 이용해 공기 중의 조성비를 측정하여 물질의 연대(나이)를 측정하는 방법을 말합니다. 이 방법은 1947년 화학자 리비에 의해 개발되었으며, 주로 유기물이 포함되어 있는 고고학 유물의 나이를 알아보는 데 사용됩니다.

원래 탄소의 원자량은 12인데, 14인 탄소도 있습니다. 이러한 탄소-14는 생명체의 몸속에나 대기 중에 같은 양이 존재하는데, 생명체가 죽으면 생명체의 몸속에 있던 탄소-14의 양이 시간이 지남에 따라 감소합니다. 그것을 대기 중의 양과 비교하여 그 생명체가 죽은 시기를 추정해내는 것입니다.

포유류 진화의 결정체 눈

포유류는 원숭이목(영장목)을 제외하고는 모두 흑백으로 봅니다. 이것은 세 가지 색의 세포 중에서 붉은색을 제외한 청록색의 두 가지 색 세포만 갖고 있기 때문입니다. 그 이유는 포유류가 중생대에는 야행성 동물이었기 때문으로 추정되고 있습니다.

포유류도 본래는 세 가지 색 세포를 갖고 있었지만, 공룡과의 경쟁에서 밀려 밤에 활동하다 보니 눈이 밤에 익숙해져 유리한 쪽으로 진화를 하게 된 것입니다. 실제로 밤에 잘 보려면 주간용인 붉은색 감광세포를 버려야 합니다.

포유류 중에서 원숭이목은 세 가지 색 세포를 모두 갖고 있는데, 이것은 원숭이목이 낮 동안에 나무 위에서 생활했기 때문으로 추정됩니다. 나무 위에서 생활하면 거리 측정이 정확해야 하고 열매와 과일을 먹기 위해서는 꽃을 분별할 수 있어야 합니다. 그러다 보니 세 가지 색 세포를 모두 유지할 수 있었던 것입니다. 또한, 나무 위에서 생활하기 때문에 포유류 중 유일하게 낮에 공룡과의 경쟁이 가능했던 것으로 추정되고 있습니다.

토끼의 경우는 두 부분의 좁은 영역에서 양안 시각이 이루어진다. 올빼미는 양안 시각 범위가 넓지만 시야가 앞쪽으로만 향해 있다. 사람은 시야의 중간에 양안 시각 영역을 갖고 있다.

오스트랄로피테쿠스

오스트랄로피테쿠스의 생활 모습 (teachersnetwork.org 자료 제공)

　오스트랄로피테쿠스는 약 400만 년 전에 지구 상에 등장하였으며 무릎을 곧게 펼 수 있어 어기적거리며 걷던 유인원과 달리 똑바로 서서 걸을 수 있었습니다.
　주변의 식물을 채집하거나 육식동물이 먹다 남긴 찌꺼기를 먹고 살았으며, 작게 무리지어 생활한 것으로 추정됩니다. 인간다운 특징인 도구를 사용하였고 성별에 따라 노동을 분담하였습니다.
　일반적으로 아파렌시스와 로부스투스, 아프리카누스의 세 가지 종으로 분류됩니다. 아파렌시스는 두개골을 제외한 나머지 골격 구조가 현생 인류와 매우 흡사해 직립 보행을 했을 것으로 추정되고 있으며, 로부스투스는 다른 종에 비해 유난히 두개골과 안면 형태, 치아 구조가 거대하고 튼튼했습니다. 특히 어금니가 현대인의 4배에 달할 정도로 매우 컸습니다. 아프리카누스는 앞의 두 종보다 현생 인류와 유사했으나 일찍 소멸해 버렸습니다.

쉿! 상위 1%로 가는 비밀 수업 과학 블로그 N　　　내 블로그 | 바로가기 ▼ | Login

진화와 멸종

카테고리

과학 블로그 4부

- 첫 번째 수업
- **두 번째 수업**
- 세 번째 수업
- 네 번째 수업
- 다섯 번째 수업

　이렇듯 지구상의 모든 생물체에게는 피할 수 없는 운명이 있습니다. 그것은 바로 진화와 멸종입니다. 우리 인간은 운 좋게도 환경에 맞게 잘 진화되어 왔습니다. 이러한 진화의 틀 속에서 인류의 조상을 찾기 위한 노력은 1809년에 태어난 어떤 한 사람 때문에 인류의 역사가 송두리째 바뀌게 되었습니다.

　그 사람은 바로 《종의 기원》이라는 책을 쓴 찰스 다윈입니다. 다윈은

who are you? 　검색

찰스 다윈(Charles Darwin, 1809~1882)

생물의 진화론을 확립한 영국의 생물학자입니다.
1831년, 22세 때부터 비글호를 타고 항해하면서 생물들의 진화에 대한 생각을 갖게 되고 경험과 관찰, 기록 등을 바탕으로 진화에 대한 많은 연구를 했습니다.
1842년에는 생물계에 관한 최초의 연구서인 《산호초의 확산과 그 구조》를 발표했으며, 1859년에는 《종의 기원》을 발표하였습니다. 모든 생명의 기원을 진화로 해석한 다윈의 진화론은 19세기 이후 인류의 자연과 정신문명에 커다란 변화를 가져다주었습니다.

자신의 진화론을 통해 당시 사람들의 모든 믿음들을 바꿨습니다. 그는 "인류의 조상은 아프리카에서 살았으며 진화를 거쳐 지금에 이르고 있다."라고 주장했습니다. 그의 이론은 종교적인 충돌이 적지 않았지만 과학자들에게는 많은 호기심을 불러일으켰습니다.

만만한 과학용어 검색

자연선택설과 용불용설

진화론은 크게 자연선택설과 용불용설로 나누어집니다. 자연선택설은 모든 생물의 진화는 생존경쟁에 의한 자연선택으로 이루어진다는 것입니다. 환경에 잘 적응한 종류는 살아남고 적응하지 못한 종류는 사라지게 됩니다.
용불용설에 의하면 자주 사용하는 기관은 점점 발달하여 남아 있지만 잘 쓰지 않는 기관은 기능도 없어지고 크기도 작아지면서 나중에는 흔적만 남게 된다고 합니다. 이렇게 변한 형질은 다음 세대에도 그대로 유전된다고 합니다.

생물종의 다양성과 탄생에 대해 설명한 진화론은 현재 지구 상에 존재하는 생물이 공통 조상에서 유래해 환경에 적응하면서 변화해 왔다는 이론으로, 유기체들이 세대를 거치면서 어떻게 환경에 적응해 왔는지 과학적으로 설명하고 있습니다. 이는 '모든 생물은 변이를 일으키고 그중 환경에 가장 잘 적응하는 것이 살아남는다.'라는 '자연선택' 이론으로, 지금까지 지구 상에 존재해 온 수많은 동식물에 대해 설명하고 있습니다.

다윈은 1831년부터 1836년 사이에 비글호를 타고 세계일주 항해를 한 경험을 통해 생물의 진화에 대해 알게 되었습니다.

다윈은 아버지의 도움으로 22세 때인 1831년부터 5년간 비글호를 타고 남아메리카, 오스트레일리아, 남태평양의 여러 섬을 정박해 가며 항해했습니다. 1835년, 갈라파고스에 37일 동안 머물게 되었는데, 이것은 다윈에게 절호의 기회였습니다. 그는 그곳에 자생하는 동식물에 대해 다양한 관찰과 기록을 할 수 있었습니다. 그러던 중 다윈은 핀치(참새목의 조류) 13종의 부리 모양이 먹이인 씨앗의 크기나 딱딱한 정도에 따라 다르고, 코끼리거북의 등껍데기 모양도 그가 돌아본 각 섬마다 다르다는 사실을 발견했습니다. 그는 이런 현상에 대해 동물이 섬마다 다른 환경에 적응한 결과라는 확신을 갖게 되었고 그때부터 생명의 법칙이 무엇인가를 찾기 시작했습니다.

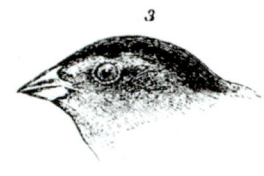

　자연의 법칙을 이해하려던 다윈은 갈라파고스 군도의 동식물을 연구하면서 형태를 갖춰나갑니다. 그가 주목한 것은 같은 종이라도 신체적인 차이가 있다는 것이었습니다. '다윈의 핀치'로 불리는 이 관찰 기록을 보면 어떤 것은 단단하고 뭉툭한 부리를 가지고 있어 조개껍데기를 부수기 좋게 되어 있고, 어떤 것은 가늘고 긴 부리를 가지고 있어 바위틈의 벌레들을 잡기 좋게 만들어져 있었던 것입니다. 처음에는 수수께끼 같은 것이었지만 연구를 거듭할수록 그것은 생존을 위한 몸부림이었다는 사실을 깨닫게 됩니다.

　결국, 어떤 종이든 환경에 적응하는 것만이 살아남는다는 결론에 도달한 것입니다. 이러한 연구 결과는 1859년에 출판된 《종의 기원》의 모태가 되었고, 이는 세상을 깜짝 놀라게 만듭니다.

1859년에 다윈은 《종의 기원》에서, 지구 상의 수많은 생물 중 오랜 기간 동안 멸종되지 않고 자신의 종을 번식시키며 현재까지 살아남을 수 있었던 생물은 변하는 자연환경에 잘 적응하며 살아왔기 때문이라고 밝혔습니다. 우리 인간도 동물의 일종이므로 예외는 아닙니다. 하지만 인간의 자연환경 적응과 변화의 결과는 '문화'를 낳았고, 인간은 그 문화를 진화, 발전, 계승하며 살아남았습니다.

창조론과 진화론

　창조론과 진화론은 만물 탄생의 기원과 그 과정을 각기 다른 방법으로 설명한 이론들입니다. 창조론은 태초에 신이 만물을 창조하였고 인류의 조상을 만들었다는 이론입니다.

　진화론은 원시생물이 거듭 진화하고 발전하여 오랜 시간을 거치는 동안 환경에 적합하게 변화하였고, 그 결과 오늘날의 생물 체계와 현생 인류가 이루어졌다는 이론입니다. 진화론은 찰스 다윈에 의해 확립되었으며, 진화 학설로는 라마르크의 용불용설과 다윈의 자연선택설이 있습니다.

　창조론은 종교적인 관점에서 성경과 고대 히브리의 유적을 바탕으로 그 사실을 받아들여야 하는 반면, 진화론은 과거부터 현재까지 생물체들의 연관 관계를 연구, 조사하여 성립된 과학적인 근거를 바탕으로 이루어져 있습니다. 이 때문에 창조론자들과 진화론자들의 대립은 오늘날까지도 계속되고 있습니다.

미켈란젤로가 그린 〈아담의 창조〉

인류의 조상을 찾아서

코페르니쿠스의 지동설과 더불어 다윈의 진화론은 인류의 자존심을 추락시킨 2대 이론으로 꼽히곤 합니다.

지동설이 지구와 인간을 우주의 중심으로부터 밀어낸 것처럼 다윈은 인간이 신의 형상을 본떠 만들어진 것이 아니라 원숭이를 닮은 조상으로부터 진화했다고 주장함으로써 격렬한 종교적·윤리적 논쟁과 더불어 엄청난 반향을 불러일으켰습니다. 다윈의 이론은 생물이 진화한다는 사실 자체를 처음으로 제시한 것은 아니었지만, '자연선택'이라는 메커니즘을 구체적이고 체계적으로 제시함으로써 인류 과학사에 큰 혁명을 가져왔던 것입니다.

자연선택설은 어떤 생물 종의 개체 간에 변이가 생겼을 경우, 그 생물이 생활하고 있는 환경에 가장 적합한 것만이 살아남게 되고 부족한 것은 도태된다는 개념입니다. 다시 말해서 개체 간에 끊임없이 경쟁이 일어나고 자연의 힘으로 선택이 반복된 결과 진화가 이루어진다는 설이지요.

다윈은 1809년, 영국 잉글랜드 서부에 있는 실즈베리의 부유한 의사 집안에서 태어났습니다. 아버지의 뜻에 따라 의학을 공부하기 위해 1825년에 에딘버러 대학에 입학했으나 의학 공부에 흥미를 느끼지 못한 그는 채집과 표본 조사로 시간을 보내다가 결국 학교를 중퇴하고 말았습니다. 그 이후 아버지의 권유에 의해 목사가 되기 위해 다시 케임브리지 대학에 진학한 후 지질학과 생물학에 깊이 매료되었고, 식물학 교수인 J. 헨슬로와 친분을 맺어 그의 지도를 받았답니다.

다윈은 1831년, 박물학자로서 영국 해군의 조사선인 비글호에 승선하여 이후 5년간 남아메리카와 남태평양의 여러 섬과 오스트레일리아 등 세계 각지를 항해하면서 탐험을 했습니다. 그동안 동물상이나 지질 등을 폭넓게 조사하였으며, 후에 진화론을 주장하는 데 기초가 되는 자료들을 모았습니다. 그는 특히 갈라파고스 군도에서 나타나는 독특한 군집과 한 종에서 나타나는 다양한 형태를 보고, 그처럼 형태가 조금씩 다른 것은 원래 그렇게 창조되었기 때문이 아니라 지리적인 환경의 차이에서 비롯되었다고 생각하게 되었습니다. 비글호 항해를 마치고 돌아온 1837년 무렵부터 다윈은 생물이 진화한다는 생각을 굳히고 있었으며, 진화의 메커니즘이 다름 아닌 '경쟁'일 것이라고 보았습니다.

그는 1839년에 《비글호 항해기》를 출판하여 여행 중의 관찰 기록을 발표하면서 진화론의 기초를 만들었습니다. 또한, 그는 지질학상의 문제, 산호초의 생성 원인에 대한 연구에도 착수했습니다.

다윈의 진화론은 19세기 말에 정립된 생물학의 출현에 큰 영향을 주었으며, 자연관과 세계관에도 영향을 미쳤습니다. 그리고 인간의 사고를 지배하는 위대한 이론으로서 지금도 논쟁이 끊이지 않는 과학 이론의 하나입니다.

 ## 갈라파고스 군도

　찰스 다윈의 진화론의 배경이 된 곳입니다. 남아메리카의 에콰도르 서쪽 약 1,000킬로미터 지점에 위치하며, 약 16개의 섬으로 이루어져 있습니다. 갈라파고스는 스페인어로 '거북'을 뜻하는 화산섬으로, 약 50여 년이 지난 후 이 섬에 동식물이 살게 되었고 생물이 살게 되자 사람들도 이주하여 살고 있습니다.

　동물상이 특이한 것으로 유명한데, 우선 파충류와 대부분의 텃새들이 모두 고유종이라는 것입니다. 그리고 종에서 파생된 아종들이 다른 섬에서 각각 발달해

갈라파고스의 화산

왔으며, 핀치류의 경우 하나의 선조 새에서 수많은 유형의 새들로 변화했습니다. 동물 유형의 대부분이 적응을 통해 진화해 왔으며, 한때 대륙에서 광범위하게 서식하다가 멸종된 갈라파고스황소거북이 남아 있습니다. 또한, 남극 원산 종인 펭귄이나 물개과가 열대지방 동물들과 함께 사는 것이 눈에 띕니다.

　진화의 과정을 전체적으로 살펴볼 수 있고 그 대상들이 다양하다는 점에서 진화론을 연구하던 다윈을 사로잡았고 세상에 알려지게 되었습니다.

갈라파고스의 동물들

 ## 양서류와 파충류

　양서류는 육지 척추동물의 선구자로 어류와 파충류의 중간에 해당됩니다. 양서류는 어릴 때는 아가미로 호흡하면서 물에서 살고, 성체가 되면 폐로 호흡하면서 땅에 삽니다. 피부는 항상 축축하게 젖어 있으며 실질적인 호흡은 주로 피부에서 일어납니다. 양서류에게 물은 피부에 습기를 유지하기 위해서만이 아니라 생식과 알의 생존을 위해서도 필요합니다.

　파충류는 양서류에서 진화한 것인데, 양서류와는 달리 피부가 각질의 표피로 덮여 있어 몸 안의 수분을 보존할 수 있습니다. 또한, 주위의 온도 변화에 따라 체온을 변화시켜 적응할 수 있습니다. 껍질로 싸인 알 덕분에 육지에서 생활하며, 알을 낳아 번식할 수 있습니다. 이러한 장점 덕분에 남극을 제외한 각 지역에 분포하고 있으며 종류도 매우 다양합니다.

쉿! 상위 1%로 가는 비밀 수업 과학 블로그 내 블로그 | 바로가기 | Login

진화한 인류, 호모 하빌리스

03 세 번째 수업

카테고리

과학 블로그 4부

- 첫 번째 수업
- 두 번째 수업
- **세 번째 수업**
- 네 번째 수업
- 다섯 번째 수업

세계 최초의 원인들의 뼈는 대부분 동아프리카에서 발견되었습니다. 똑바로 서서 걷고 돌멩이로 도구를 만든 이 원인들은 두뇌가 너무 작아 진짜 인류라고 하기에는 부족한 것이 많았습니다. 그러던 중 200만 년 전 사하라 사막 남쪽 지역에 한 인류가 나타났습니다.

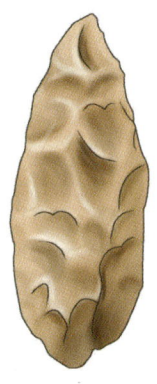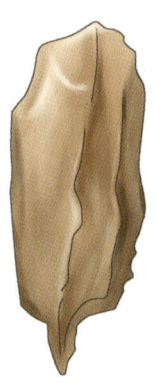

이들은 '호모 하빌리스'라고 불리는데, 지금은 멸종된 인류입니다. 1959년과 1960년에 탄자니아 북부의 올두바이 협곡에서 발견된 것은 몇 개의 이빨과 1개의 턱뼈, 두개골 조각과 일부 손뼈였습니다. 그리고 계속해서 더 많은 화석들이 발견되면서 이들이 오스트랄로피테쿠스와는 다른 인류라는 것을 알게 되었습니다.

이들이 호모 하빌리스라고 불리게 된 것은 오스트랄로피테쿠스에 비해 뇌의 크기도 더 커졌고, 작은 어금니와 큰 어금니가 상대적으로 작으며, 손을 자유롭게 사용할 수 있게 되었다는 점 때문입니다. 이는 호모 하빌리스가 뒤에 나타나게 되는 호모 에렉투스나 그 뒤의 인류와 공통된 특징을 갖고 있다는 것입니다.

현대인들이 거인으로 성장하기 위한 첫발 걸음을 뗀 것은 호모 하빌리스에서 출발하는 것으로 보고 있습니다. 이들은 도구를 사용해 연장을 만들어 내는 매우 뛰어난 기술을 가지고 있었으며 주기적으로 고기를 먹기 시작한 최초의 인류입니다. 이 두 가지 사실은 서로 밀접한 관계를 가지고 있습니다. 그것은 그들에게 다른 짐승들이 남긴 고기를 자르기 위한 정교하고 날카로운 연장이 필요했다는 의미입니다.

인간이 도구를 사용하기 좋은 조건

호모 파베르(homo faber)란 말이 있는데, 이는 '도구를 사용한 인간'이라는 의미입니다. 오랜 역사를 통하여 인간은 도구를 만들고, 그것을 개량하여 발달시켰습니다. 그렇다면 인간은 왜 도구를 사용하게 되었을까요? 그것은 자연에 살면서 자연을 보다 좋은 생활 환경으로 변화시키기 위해서였습니다. 그 수단으로 도구를 만들게 된 것이지요.

인간의 손은 다른 동물들과 달리 다섯 손가락이 알맞게 분화되어 물건을 쥐기에 알맞습니다. 물건을 손쉽게 쥘 수 있으니 도구를 사용하기에도 딱 좋은 것이지요. 또한, 인간은 지능이 있어 도구를 단순히 쓰는 것에만 머무르지 않고 도구의 이용 방법을 여러 가지로 생각해낼 수 있으며 쓰임에 따라 도구를 변형시킬 수도 있습니다.

인간의 도구와 동물의 도구

흔히 인간을 '도구를 사용하는 동물'이라 일컫는데, 인간뿐 아니라 다른 동물도 도구를 사용합니다. 침팬지와 오랑우탄 등의 유인원, 독수리의 일부, 딱따구리의 일부 등이 그렇습니다. 그러나 인간과 다른 동물들이 도구를 사용한다는 것은 맞지만 도구 사용에서 차이가 있습니다.

도구를 사용하는 새의 경우 도구를 자유자재로 다룰 수 있을 정도로 손이 발달되지 않았으며, 유인원의 경우 엄지손가락의 범위가 넓지 못하여 움직임이 부자연스럽기 때문에 힘을 제대로 주지 못합니다. 따라서 엄지손가락이 도구의 무게를 받쳐주지 못하기 때문에 도구를 사용하는 데 한계가 있습니다. 또한, 동물들은 어떤 도구를 쓸 때와 만들 때 필요한 모양을 생각해내고 만들 수 있는 지능이 없습니다. 이러한 한계와 차이로 인하여 인간과 다른 동물의 도구 사용에서 현격한 차이가 나는 것입니다.

영장류들은 손놀림이 민첩하여 물체를 섬세하게 다룰 줄 압니다. 이들이 도구를 가장 단순하게 사용하는 예는 주변의 막대기나 돌을 갖고 노는 행동에서 찾아볼 수 있습니다. 여기서 좀 더 발전되면, 손이 닿지 않는 곳에 있는 물체를 얻기 위해 다른 물체를 사용하기도 합니다. 개미집 깊숙이 있는 흰개미를 먹기 위해 나뭇가지를 구멍에 쑤셔 넣었다가 꺼내는 침팬지의 행동이 대표적인 것입니다.

불을 사용한 직립 인류, 호모 에렉투스

04 네 번째 수업

카테고리

과학 블로그 4부
- 첫 번째 수업
- 두 번째 수업
- 세 번째 수업
- **네 번째 수업**
- 다섯 번째 수업

160만 년 전에 등장하기 시작한 호모 에렉투스는 이름 그대로 본격적으로 두 발로 걷기 시작한 인류입니다. 이들은 호모 하빌리스가 돌멩이를 깨뜨려 다른 짐승이 남긴 고기를 먹었던 것과는 달랐습니다.

이들은 보다 정교해진 돌도끼와 그 밖의 도구를 이용해 본격적으로 코끼리나 다른 동물들을 사냥하기 시작했습니다.

이제 보다 인간에 가까운 편편한 얼굴을 갖게 되었고 지금 우리의 두뇌보다는 작지만 매우 발달한 인류였습니다. 그들은 조상들의 손재주보다 뛰어난 기술로 고기를 자르기 위한 연장을 만들어 냈습니다.

이들에게 또 하나의 큰 변화가 있었습니다. 약 150만 년 전부터 아주 느리고 더뎠지만 언어를 사용하기 시작한 것입니

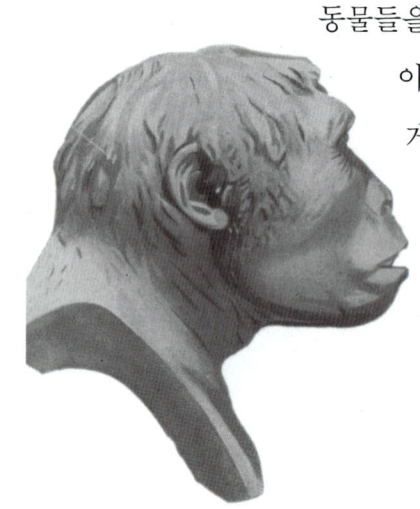

다. 언어는 화석으로 남지 않기 때문에 과학자들은 그들의 머리 구조에서 언어 영역을 차지하는 부분의 발달로 이를 짐작하고 있습니다. 그들이 사용한 언어가 오늘날처럼 자유로웠는지는 아직도 수수께끼로 남아 있습니다.

 최초로 그들의 화석이 발견된 것은 1890년 자바(지금의 인도네시아에 있음)에서입니다. 그 뒤에는 중국의 베이징 근처 저우커우뎬에 있는 동굴들을 중심으로 호모 에렉투스의 화석이 발견되었습니다. 베이징 원인(原人)으로 불리게 된 이 화석들은 중일전쟁 기간인 1941년에 모두 분실되었으나, 같은 지역에서 계속 화석이 발

견되었으며 중국의 다른 지역에서도 발견되었습니다.

그러나 그 뒤 아프리카에서도 호모 에렉투스의 화석이 발견되고 유럽도 이들의 활동 무대였을 것이라는 증거가 발견되면서 이들의 탐험가적인 특성이 알려지게 되었습니다.

이 화석들과 함께 수많은 석기와 잘 다듬은 돌조각, 부분적으로 불에 탄 동물의 뼛조각, 그리고 원시적인 형태이기는 하지만 화로의 흔적

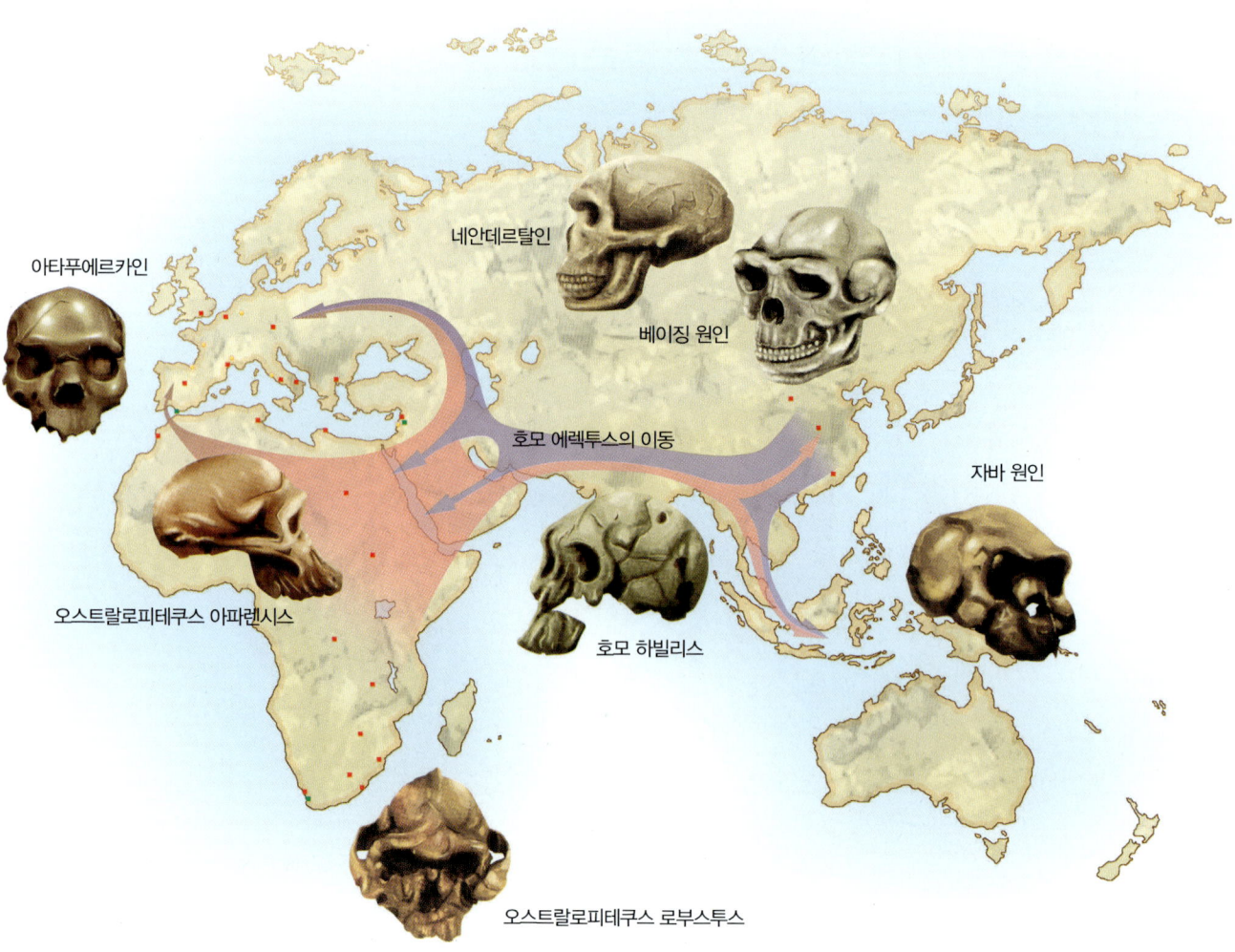

도 발견되었습니다. 이것은 이미 인간이 불을 능숙하게 사용했다는 것을 말해주고 있습니다. 불을 사용하게 되면서 동굴 거주가 가능해졌다는 것이고, 몸을 따뜻하게 할 수 있게 되자 더 추운 지역으로 이동할 수 있게 되었습니다. 당시 빙하기의 추운 겨울이 1년 내내 계속되는 날씨였지만 불이 이들을 보호해 주었습니다.

그리고 이들의 어금니가 작아진 가장 큰 원인으로는 불에 고기를 익혀 먹었기 때문입니다. 고기를 익힘으로써 부드럽게 만들어 이의 수고를 덜어주자 점차 작은 이로 진화하게 된 것입니다. 호모 사피엔스와 호모 에렉투스 사이의 가장 큰 차이 중의 하나가 바로 이의 크기입니다.

만만한 과학용어 검색

빙하기(水河期, Glacial age)

기온이 낮은 채로 오랫동안 유지되면서 지구의 기후가 한랭해져 육지의 넓은 면적을 빙하가 뒤덮고 있었던 시기를 말합니다. 빙하기에는 해수면이 낮아져 섬과 대륙이 이어지기도 합니다. 빙하기와 빙하기 사이에는 비교적 온난한 기후의 간빙기가 나타납니다. 과거 지구 상에는 반복적으로 네 차례의 빙하기가 있었는데, 가장 최근의 빙하기는 1만 년 전에 종료되었으며, 현재는 제4간빙기입니다.
인류의 문명은 마지막 빙하기가 끝나고 시작되었습니다.

불은 따뜻하게 해줄 뿐만 아니라 밤에도 생활할 수 있도록 밝게 해주었습니다.

인간의 진화에 뇌의 크기는?

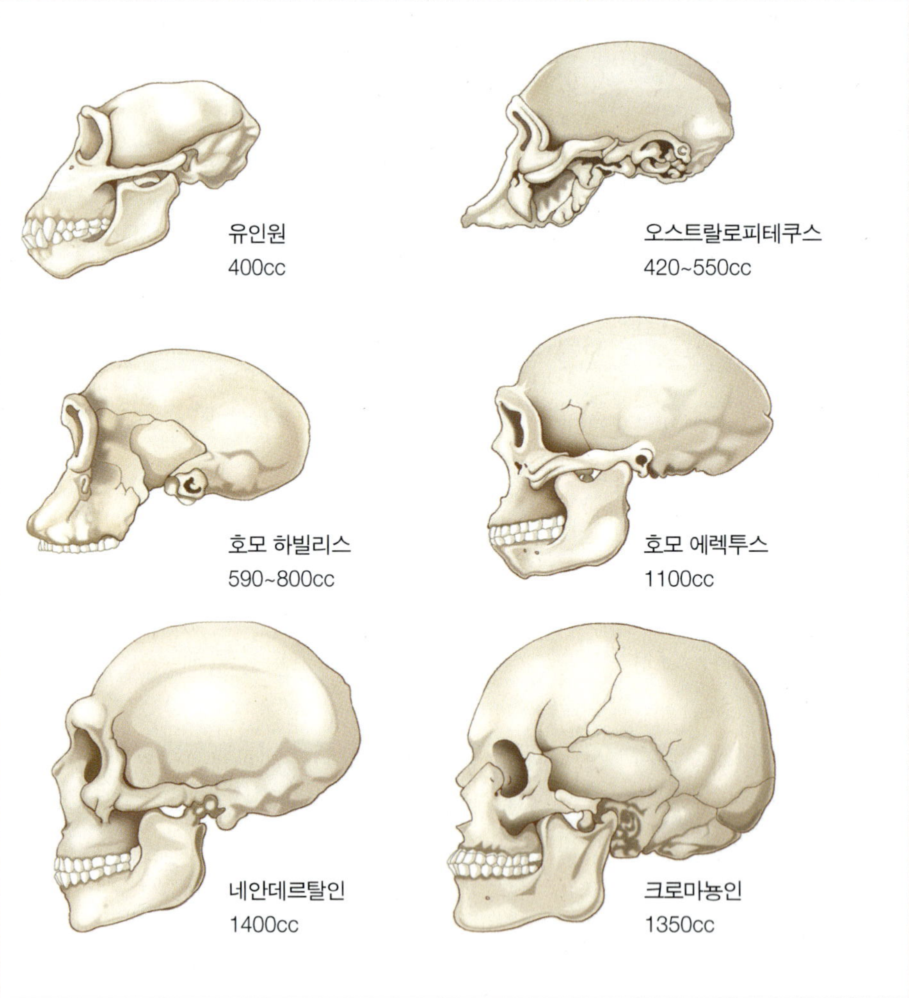

유인원
400cc

오스트랄로피테쿠스
420~550cc

호모 하빌리스
590~800cc

호모 에렉투스
1100cc

네안데르탈인
1400cc

크로마뇽인
1350cc

우리 인간의 뇌의 크기는 오스트랄로피테쿠스 이래 3배로 증가했다고 합니다.
오스트랄로피테쿠스는 약 300~400만 년 전에 출현한 것으로 추정되는 현생 인류의 먼 아프리카 조상으로 알려져 있습니다. 물론 그 이전에 출현한 아르디피테쿠스가 있지만, 오스트랄로피테쿠스만 놓고 보아도 인류의 뇌의 크기가 얼마나 커졌는지 알 수 있습니다.

그러나 뇌 크기의 발달이 이루어진 시기 동안 도구 제작 기술은 개선되지 않았다는 것이 윌리엄 캘빈(William Calvin: 《지능은 어떻게 진화하는가》라는 책을 쓴 저자) 박사의 주장입니다. 또한, 인간의 뇌의 크기가 현재 수준에 이른 것은 이미 15만 년 전이었던 반면, 인류만의 전유물로 여겨지는 창조력은 지금으로부터 약 5만 년 전인 호모 사피엔스(Homo sapiens)에 이르러서야 뒤늦게 급격한 발전을 보였다는 것입니다. 분명 무언가 진화적인 이점이 있기 때문에 인간의 뇌의 크기는 진화와 함께 커졌을 것입니다. 캘빈 박사는 "뇌의 크기가 지능의 향상과 무관하다면, 분명 다른 이유가 있을 것이고, 우리는 이를 찾아내야 한다."라고 강조하면서 과학자들 앞에 새로운 문제를 던졌습니다.

인간에게 이로운 불

불을 피우는 원리

불을 피우기 위해서는 세 가지 요소가 필요한데 공기 중의 산소, 발화점의 열, 연료입니다. 연료는 열에 민감한 나뭇잎, 깃털, 가죽, 톱밥 등이 있고, 공기 중의 산소는 연료에서 생긴 가스가 불이 되도록 하는 역할을 해줍니다.

이 세 가지 요소가 모두 갖추어지면 불을 만들 수 있습니다. 우선 연료를 이용하여 마찰을 시켜서 발화점의 열을 만듭니다. 발화점의 열이 생기면 공기 중의 산소가 공급되면서 불이 붙게 됩니다. 이렇게 열이 발생하면 밖으로 나오는 에너지가 빛과 열의 형태로 나오게 되는 것입니다.

불을 붙이는 방법으로는 마른 나무를 무른 나무 위에 세워 놓고 비벼서(마찰) 불씨를 얻는 방법이 있고, 부싯돌을 황철석에 부딪쳐서 생성된 불꽃이나 구멍을 뚫을 때 일어나는 마찰에 의해 생겨난 불꽃으로 불을 만드는 방법도 있습니다.

발화점: 물체를 마찰시키거나 가열하였을 때 불이 붙어 타기 시작하는 온도 발화점은 보통 나뭇잎은 400~480도 정도, 종이는 450도 정도입니다.

불과 빛

앞에서 불은 연료에 열과 산소가 공급되면서 생기며, 이때 발생하는 에너지가 빛과 열의 형태로 나온다고 했습니다. 우리는 불로써 빛을 볼 수 있는 것입니다. 그럼 빛에는 어떤 것들이 있을까요? 빛에는 우리 눈에 보이는 빛(가시광선)뿐만 아니라 적외선, 자외선, 엑스선, 감마선 등과 같은 것이 있습니다.

빛들에 대해 하나씩 소개하면, 앞에서 말한 가시광선은 눈에 보이는 빛입니다. 이 가시광선 속에 빨주노초파남보 무지개 색깔이 모두 들어 있습니다. 가시광선을 제외한 다른 빛은 우리 눈에 보이지 않는답니다.

적외선은 빨간색 바깥쪽에 있는 광선으로, 사람이 방출하는 적외선을 이용하여 물체를 감지하기 위한 자동문 센서로 쓰이거나 적외선 카메라 등에도 쓰입니다. 그리고 관절이나 근육 등 아픈 곳에 쪼이기도 합니다. 다음으로 자외선은 보라색 바깥쪽에 있는 광선인데, 적당한 자외선은 비타민 D를 만드는 데 도움을 주고 세균을 죽이는 살균 작용도 하지만 지속적으로 자외선에 노출되면 결막염, 백내장 등 눈에 손상을 입고, 피부암이 발생할 수도 있습니다. 그리고 엑스선과 감마선은 특정 물질을 통과하는 성질이 있는데, 엑스선 같은 경우는 그 성질이 특히나 강해서 인체의 골격 사진을 찍을 수 있습니다. 또 감마선은 전자기파 중 가장 강력한데, 악성 종양을 파괴하는 능력이 뛰어나 암 치료에 쓰이고 있습니다.

이와 같은 빛은 아주 많은 역할을 합니다. 빛은 어두운 곳을 밝게 비춰주기도 하고, 루미나리에 같은 아름다운 빛의 축제도 보여준답니다.

불에 대한 상식들

열의 전도 현상

열이 한쪽에서 다른 쪽으로 차례차례 전달되는 현상을 열의 전도 현상이라고 합니다.

예를 들어 쇠젓가락의 한쪽 끝을 잡고 다른 한쪽 끝을 삶아 놓은 뜨거운 감자에 꽂으면 시간이 어느 정도 흐른 후에 쇠젓가락이 뜨거워지는 것을 느낄 수 있습니다. 이것은 뜨거운 감자에 꽂은 부분으로부터 손으로 잡고 있는 부분까지 열이 전달되었기 때문이랍니다. 그렇다면 열이 이동하는 이유는 무엇일까요? 그것은 열이 평형을 이루려는 성질 때문인데, 높은 온도에서 낮은 온도로 이동하여 결국 같은 온도로 유지하기 위해서입니다.

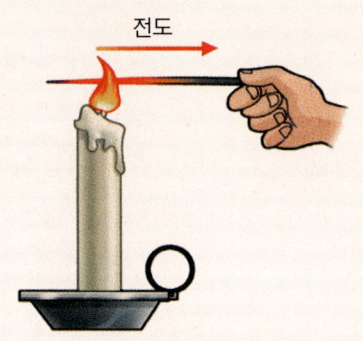

전도 현상은 고체 내부에서만 일어나고, 고체의 종류에 따라 열이 전달되는 속도가 모두 다르답니다. 그래서 고체는 열이 잘 전달되는 양도체와 잘 전달되지 않는 부도체로 구분할 수 있습니다. 은, 구리, 철 등 대부분의 금속은 열을 잘 전달하고, 비금속류 즉 나무와 유리, 헝겊 등은 열을 잘 전달하지 못한답니다.

그래서 금속으로 만들어진 냄비의 손잡이는 만졌을 때 손이 뜨겁지 않도록 플라스틱으로 만듭니다. 또한, 뜨거운 것을 잡을 때 헝겊으로 된 주방 장갑이나 행주를 쓰는 것도 같은 이치로 볼 수 있습니다.

연소와 소화의 원리

물체가 빛과 열을 내면서 타는 현상을 연소라고 하고, 불을 끄는 것을 소화라고 합니다. 연소를 할 때에는 세 가지 조건이 있어야 합니다. 탈 수 있는 물질(나무, 석탄, 양초 등)과 산소(공기), 그리고 발화점 이상의 온도입니다. 연소의 원리를 생각해 보면, 탈 수 있는 물질을 연료로 사용하여 산소를 공급해 주면서 충분히 가열 해주어 발화점에 도달하면 연소가 이루어집니다. 그리고 연소 후에는 물과 이산화탄소, 그을음이 생긴답니다.

연소가 잘 일어나게 하는 방법으로는 불에 부채질을 해주어 산소 공급을 원활하게 해주는 것도 있고, 발화점이 낮은 물질을 사용하는 방법도 있습니다. 이러한 연소의 예로는 촛불, 가스레인지의 불, 모닥불, 횃불 등 일상생활에서 쉽게 접할 수 있는 것들이 많이 있습니다.

소화, 즉 불을 끄려면 연소의 세 가지 조건 중에서 하나만 없애 주면 됩니다. 탈 물질과 산소의 공급을 막거나 온도를 발화점 이하로 낮추면 불이 곧 꺼집니다. 이것이 바로 소화의 원리랍니다.

예를 들어 공기를 차단하는 방법으로는 알코올램프에 뚜껑을 덮거나 불 위에 젖은 담요나 이불을 씌우는 방법이 있고, 타고 있는 물체의 온도(발화점)를 낮추는 방법으로 물을 끼얹어 불을 끄는 방법도 있답니다. 그리고 가스밸브를 잠근다든가 탈 물질의 공급을 막아도 불을 끌 수 있습니다.

알코올램프의 불을 끄는 경우

모래를 덮어 불을 끄는 경우

담요를 덮어 불을 끄는 경우

물을 뿌려 불을 끄는 경우

동서양 난방의 차이

동양식 난방은 열이 다른 물체를 거쳐서 전달되는 간접 난방으로, 그 대표적인 것이 바로 온돌입니다. 그렇다면 온돌은 어떤 방식으로 방을 따뜻하게 해주는 것일까요? 먼저 아궁이에 불을 때면 타오른 연기가 방바닥 밑에 있는 넓적한 돌(구들장)을 핥고 흘러들어 갑니다. 그런 다음 불기를 먹은 연기가 열을 구들장에 모두 건네주고 굴뚝으로 빠져 나가게 됩니다. 그러면 열을 건네받은 구들장은 따뜻해지겠죠?

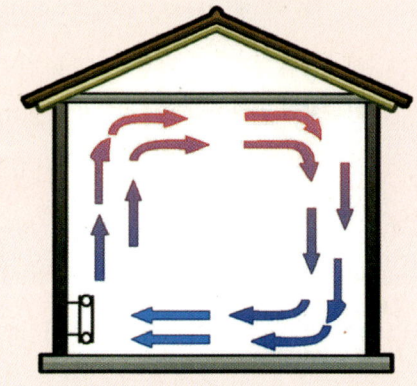

집 안에서 열의 대류

온돌 난방법에는 열이 이동하는 세 가지 원리가 숨어 있답니다. 앞에서 배운 열의 전도와 대류, 복사입니다. 열의 전도는 다른 물질을 통해서 열이 전달되는 것이라고 앞에서 설명했습니다.

열의 대류는 기체나 액체를 가열했을 때 나타나는 현상인데, 뜨거운 공기나 물은 가볍기 때문에 위로 올라가려 하고 차가운 공기나 물은 무겁기 때문에 아래로 내려가려 하므로 이동이 생기면서 전체적으로 섞이게 됩니다. 이런 과정을 통해서 결과적으로 공기나 물 전체에 열이 전달되는 것이 대류랍니다.

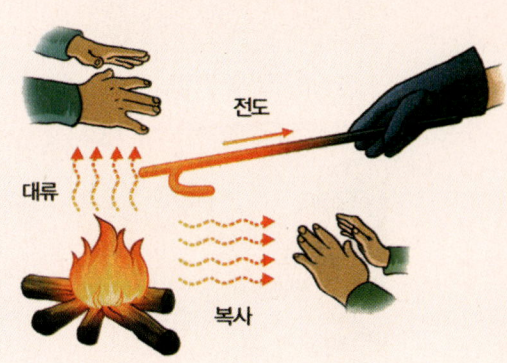

전도나 대류는 열이 전달되기 위해서 중간에 고체, 액

전통적인 서양식 난방인 벽난로

체, 기체 등 매체가 필요했습니다. 그러나 복사는 중간 매체 없이 열이 직접 전달되는 현상입니다.

 온돌의 원리는 열기가 구들장에 건네져 열이 전달되고 서서히 복사열을 방출하여 방바닥이 따뜻해집니다. 그리고 그 열이 대류하여 방안 전체가 따뜻해지는 것입니다.

 서양식 난방은 열이 곧바로 전달되어 실내 공기를 데우는 직접 난방으로, 스팀 난방, 스토브, 벽난로 등이 있답니다. 벽난로는 벽에다 직접 아궁이를 만들고, 벽 속에 있는 굴뚝을 통하여 연기를 빠져나가게 합니다. 아궁이에 불을 때서 실내 공기를 직접 데웁니다. 그러면 덥혀진 공기는 상승하고 식은 공기는 하강하는데, 이와 같이 대류하면서 방안 공기가 전체적으로 따뜻해지게 된답니다.

쉿! 상위 1%로 가는 비밀 수업 과학 블로그 N | 내 블로그 | 바로가기 | Login

거인의 사춘기, 호모 사피엔스

01
02
03
04
05 다섯 번째 수업

카테고리

과학 블로그 4부
- 첫 번째 수업
- 두 번째 수업
- 세 번째 수업
- 네 번째 수업
- **다섯 번째 수업**

현재 인류의 조상과 가장 가까운 호모 사피엔스가 처음 등장한 것은 20만 년 전의 일입니다. 이 시기에 우리 지구에는 빙하시대가 반복해서 나타났다가 사라졌습니다. 이들 호모 사피엔스는 '지혜로운 사람'이라는 뜻을 가지고 있습니다.

그런데 이때 등장한 것은 이들만이 아니었습니다. 그들과는 다른 네안데르탈인이 빙하기의 추운 날씨를 이겨내고 간단한 도구를 만들면서 살고 있었습니다. 그들이 사용한 언어라고 해봐야 단어 몇 개 정도였을 것입니다. 그래서 결국 인류의 조상으로 자리 잡는데 실패하고, 약 2만 8,000년 전에 스페인에서 사라졌습니다.

이들이 사라지고 영장류 중에서 오늘날 인류의 조상이 된 것은 크로마뇽인입니다. 동굴이나 집에서 산 크로마뇽인은 동족들끼리 무리를 지어 동물을 사냥하거나 식물들에서 먹을 것을 얻었습니다. 네안데르탈인이 사라지게 된 것은 크로마뇽인들이 처음 거주한 중동 지역에서 유럽으로 이주하면서 이들을 밀어냈기 때문입니다.

만만한 과학용어 검색

영장류

포유류의 한 종류로 여우원숭이·원숭이·유인원·사람 등이 여기에 속합니다. 기록에 의하면 영장류는 백악기 후기(약 7,500만 년 전)에 숲 속에서 살았습니다. 전 세계에서 발견되며, 인간을 제외한 영장류는 대부분 인도·아프리카·아시아·남아메리카의 열대 지역에 걸쳐 살고 있었습니다.

영장류는 다른 포유류와 달리 몸의 구조가 특수화되어 있지 않아 어떤 환경에서든지 번성할 수 있으며, 손가락과 발가락이 물체를 쥐기에 알맞게 발달되어 있습니다. 그리고 두뇌가 발달하여 환경에 맞게 행동을 변화시킬 수 있고 시각도 발달했습니다.

4만 년 전 크로마뇽인은 이미 지금의 인간과 비슷한 크기의 뇌를 갖게 되었습니다. 이들은 두뇌가 발달하면서 지식도 발달하게 되었고 단어의 수도 많이 늘어났습니다.

이들 크로마뇽인은 점차 예술작품을 창조해 내기도 했는데, 그것은 프랑스, 스페인, 사하라 사막 등지에서 발견된 동굴벽화에 잘 나타나 있습니다. 이들은 벽화 외에도 여러 장신구들과 작은 흙으로 빚은 인물상, 옷 등을 만들 수 있었으며 기술도 발달해 움막을 짓거나 도구를 개발하는가 하면 사냥할 무기도 점차 세련되게 만들기 시작했습니다.

만만한 과학용어 검색

동굴벽화

최초의 동굴벽화는 크로마뇽인이 그린 것으로 알려져 있습니다. 사냥이 잘되기를 기원하는 마음으로 그렸으며 들소를 가장 많이 그렸습니다. 대표적인 것으로는 프랑스 베제르 계곡의 라스코(Lascaux) 동굴벽화가 있습니다. 기원전 1만 7,000년경 정도의 것으로 들소, 말, 사슴, 염소 등 100여 마리의 동물들이 등장하는 사냥 장면을 그린 그림입니다. 놀라울 정도로 세밀하게 묘사되어 있으며 빨강, 검정, 노랑, 갈색 등 풍부한 색감으로 화려하게 채색되어 있습니다. 간간이 주술사의 모습이 보이는데, 이것으로 사냥의 풍요를 기원하는 주술적인 의미가 담겨 있음을 추측할 수 있습니다.

라스코의 동굴벽화

그림을 그리기 시작한 인간

    기원전 1만 5,000만 년 전에 발견된 동굴벽화를 통해 고대 원시인들이 미술 활동을 했다는 것을 알 수 있습니다.

    이들은 사냥한 동물들을 그려놓거나 인물, 동물, 자연 등의 모습을 간결하게 표현하여 문자와 같이 어떤 약속된 형태를 나타내었습니다.

  이는 서로 간의 의사소통이나 기록을 남기기 위한 것, 또는 기원을 위한 것으로 추정되고 있습니다. 구석기인들의 그림을 엿볼 수 있는 곳은 알타미라와 라스코 동굴입니다.

  여기에서 발견되는 벽화는 대부분 동물들을 그린 그림으로, 자유분방하고 재기가 넘칩니다. 알타미라 동굴벽화는 크로마뇽인에 의해 그려진 것임이 밝혀졌으며, 라스코 동굴벽화에 그려진 동물은 말이 가장 많고 소, 사슴, 돼지, 이리, 곰, 새, 상상의 동물이나 인물상도 그려져 있습니다. 또 천장에 그림을 그릴 때에는 손가락이나 나뭇가지, 이끼 뭉치나 깃털을 이용하기도 하였습니다.

알타미라의 동굴벽화

원시인들의 주거 구조

　구석기시대 원시인들은 이동 생활을 하며 동굴이나 토굴, 움막집에서 거주하였습니다. 구석기 후기에 이르러서는 주거지에서 화덕, 문돌, 기둥 자리, 불 땐 자리 등이 발견되었는데, 이동 생활을 했던 것으로 보아 구석기시대 원시인들의 주거지는 사냥 중의 임시 은신처로 사용되었음을 알 수 있습니다.

　신석기시대에는 농경이 시작되면서 본격적으로 정착 생활을 하게 되었고 원추형 막집, 움집 등의 주거 구조를 가지고 있었습니다. 중앙에 원형의 화덕 자리를 갖추었으며 기둥 구멍이 발견되었고, 낮은 구릉지대나 주거지의 땅을 낮게 파서 만들었습니다. 그것은 지표 이하 바닥면의 온도 변화가 적은 것을 이용하여

바람이나 추위를 막기 위한 것이었습니다. 이렇게 점차 주거 환경이 개선되어 가면서 정착형 주거로 점점 발전해 나갑니다.

그림에서 볼 수 있는 것은 현재 우리 인류의 조상이라 할 수 있는 크로마뇽인의 주거 구조입니다. 크로마뇽인들은 동물의 뼈와 가죽을 엮어 만든 집에서 생활했습니다. 이전까지의 동굴 생활에서 벗어난 것입니다.

크로마뇽인과 그들의 주거지

인류 지속의 힘, 유전학의 아버지 **멘델**

"난 엄마를 닮았고 동생은 아빠를 닮았어요."

이와 같이 우리는 닮았다는 말을 많이 사용합니다. 닮았다는 것은 성격이나 얼굴의 생김새가 비슷할 때 그렇게 표현합니다. 이러한 것들은 모두 부모로부터 무엇인가를 물려받았을 때 쓰는 말로, 흔히 유전이라고 합니다.

우리가 알고 있는 유전 법칙을 처음 발견한 사람은 멘델이었습니다. 멘델의 유전 법칙은 한 아마추어 과학자의 끈질긴 관찰에 의해 이룩된 인류의 큰 자산 중의 하나입니다. 그가 유전 법칙을 세상에 처음 발표했을 때 사람들은 그의 주장을 무시했고 그러다가 점차 잊혀 갔지만, 십여 년이 지난 후 그 가치가 공인되기에 이르렀고 오늘날 유전학의 기본적인 토대를 제공하였습니다.

체코의 슐레지엔에서 부유한 농부의 아들로 태어난 멘델은 지방 학교에서 공부한 뒤 수도원에 들어가 그곳에서 독일 빈 대학의 청강생으로 공부할 기회를 얻었습니다. 귀국하여 상급학교에 진학하기 위해 입학시험에 도전했으나 결국 실패하였습니다. 은둔 생활을 하던 중 수도원 뜰에서 완두콩 교배 실험을 통해 1865년에 세 가지 유전 법칙, 즉 분리의 법칙, 독립의 법칙, 우성의 법칙을 발견했습니다. 하지만 당시 그의 이론은 거부당했으며, 그가 죽은 후에야 비로소 받

멘델의 업적을 기념해 만든 우표

아들여지게 되었답니다.

1851년부터 3년 동안 빈 대학에서 수학과 자연과학을 공부한 멘델은 1854년부터 14년간 수도원에서 생활했습니다. 그의 유명한 완두콩 실험은 바로 이 수도원에서 이루어진 것입니다. 1856년부터 시작한 완두콩 교배 실험 결과를 정리하여 1865년에 브륀 자연사 학회에 논문을 제출했으나, 그의 연구는 거의 주목받지 못했고 낙담한 그는 결국 연구를 단념해야 했습니다.

멘델이 죽은 지 16년이 지난 1900년에 이르러서야 세 명의 식물학자인 드 브리스(Hugo De Vries), 코렌스(Carl Correns), 자이제네크(Erich Tschermak von Seysenegg)에 의해 그의 논문들이 재발견되었습니다. 이들은 멘델의 논문을 바탕으로 자신들의 실험 결과를 이해하고 체계를 세울 수 있었습니다. 멘델에서 비롯된 이 분야의 학문은 이후 영국의 과학자 베이트슨(William Bateson)에 의해 '유전학'이라는 용어로 정착되었습니다.

생명의 진화와 관련된 연구에서 진화론을 체계화한 공로가 다윈에게 돌아간다면 유전의 법칙을 밝힌 것은 멘델입니다. 사실 유전이라는 부분은 다윈에게 큰 고민을 안겨주었습니다. 역사에 '만약'이라는 것은 없지만, 만약 멘델의 유전 법칙이 다윈의 종의 기원과 동시에 발표되었다면 그 후 진화론은 어떻게 발전했을까요?

멘델에서 비롯된 유전학은 형질을 전달하는 '유전자'가 발견되고, 급기야 1953년에 왓슨과 크릭이 DNA의 이중나선구조를 발견함으로써 새로운 도약을 하게 되었답니다.

인간의 특성을 전해주는 유전자

하나의 생물체가 지니는 모든 형질을 다음 세대에 물려주는 유전 현상에 대해 처음으로 체계적인 연구를 진행한 사람은 멘델이었으나 그의 연구 결과는 다른 학자들의 관심을 끌지 못했습니다. 그러다가 30여 년이 지난 1900년에 들어와서야 몇 명의 학자들에 의해 멘델의 연구가 재발견됨으로써 유전은 생물학계의 중심적인 탐구 주제가 되었습니다.

이후 50여 년간의 연구를 통해 유전자가 DNA라는 사실이 입증되었고, 이에 따라 일군의 학자들이 DNA의 구조와 기능을 밝히는 데 주력했습니다. 그 결과 1953년 케임브리지 대학 캐번디시 연구소의 왓슨과 크릭에 의해 DNA가 염기들의 상보적 결합으로 이루어진 이중나선구조라는 사실이 밝혀지게 되었습니다.

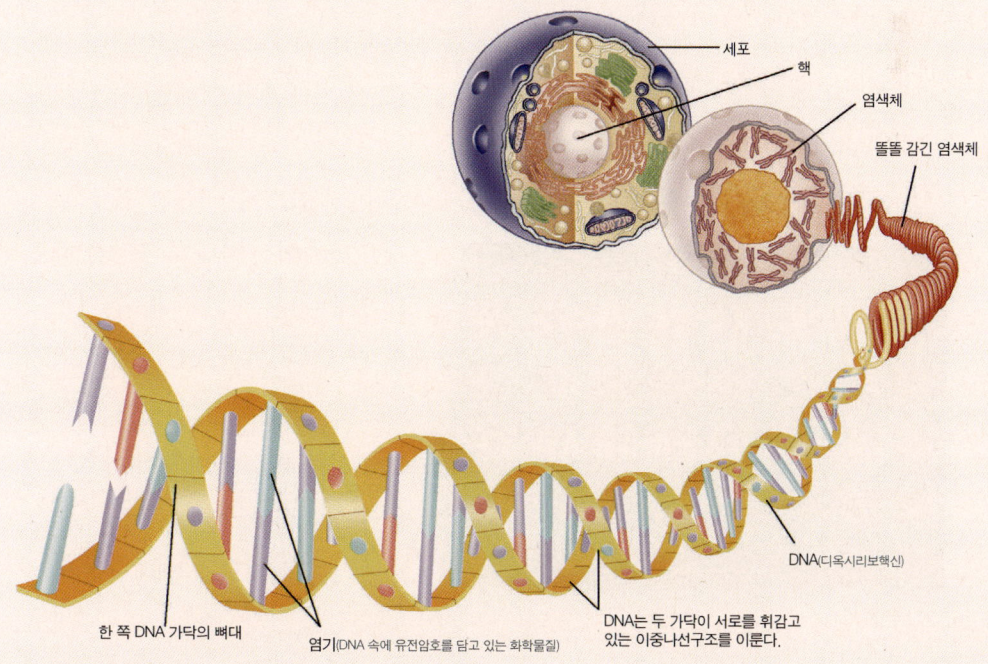

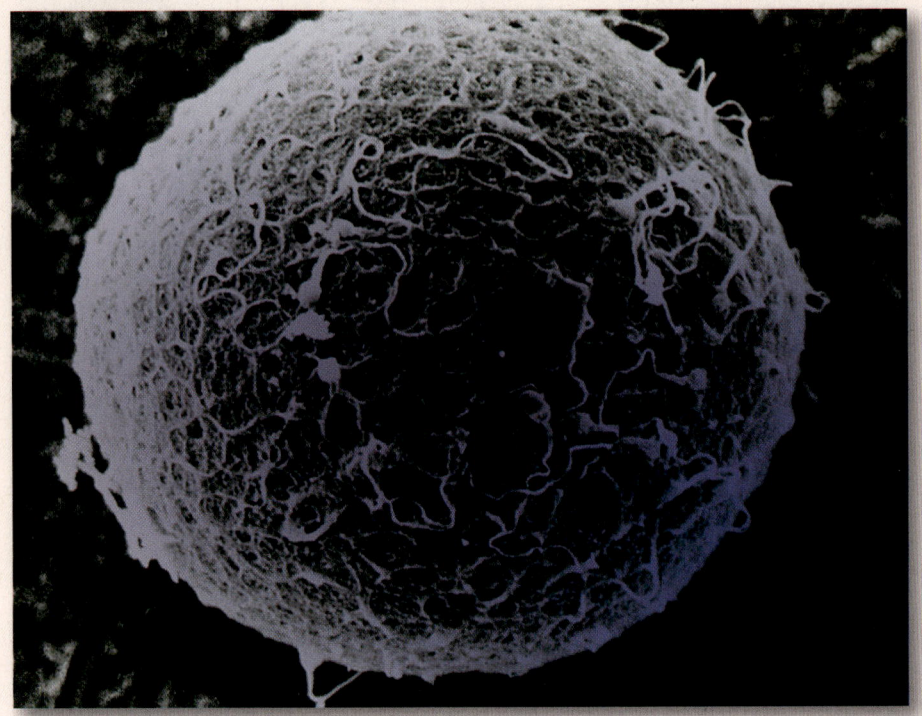

정자와 난자의 수정

왓슨과 크릭의 발견은 단순히 DNA의 구조를 보여주는 데 그치지 않고 다음 세대에 유전자를 전달하기 위해서 필요한 DNA의 복제 기제까지 이해할 수 있게 만들었습니다.

DNA 분자는 2개의 뉴클레오티드 가닥으로 이루어져 있으며, 이들은 서로 꼬여서 비틀어진 사다리 모양을 하고 있습니다. 사다리의 옆 기둥은 당(糖)과 인산으로 이루어져 있으며, 이에 쌍을 이루어 결합하고 있는 질소 염기들이 가로장을 형성합니다.

이러한 염기로는 아데닌(A)·

인간의 염색체

구아닌(G)・시토신(C)・티민(T)이 있습니다. 한쪽 가닥에 있는 A염기는 다른 쪽 가닥의 T 염기와 결합하여 A-T 가로장을 만들고, C염기는 다른 쪽의 G염기와 결합합니다. 만약 염기들 사이의 결합이 끊어지면 두 개의 가닥은 풀어지게 되고, 세포 안에 떨어져 있던 뉴클레오티드들의 가닥이 분리되어 노출된 염기와 결합하게 됩니다. 떨어져 있던 뉴클레오티드들은 염기 짝짓기 법칙(A는 T와, C는 G와 결합)에 맞추어 각 가닥을 따라 늘어서게 됩니다. 이러한 과정을 통해 하나의 원형으로부터 두 개의 똑같은 DNA 분자가 만들어지며, 바로 이런 방법으로 유전 정보가 한 세대의 세포로부터 다음 세대의 세포로 전해지는 것입니다.

생물이 한 개체 또는 한 종으로서 나타내는 형질들을 결정하는 유전자의 실체가 규명되고, 크릭이 분자생물학의 중심 원리라 부른 'DNA의 유전 정보는 RNA를 거쳐 단백질로 발현된다.'라는 사실이 확립되면서 생물학은 새로운 시대를 맞이하게 되었습니다. 분자생물학이라는 분야가 새로이 탄생하였으며, 이후 DNA를 조작할 수 있게 되면서 생명공학의 시대가 열리게 된 것입니다.

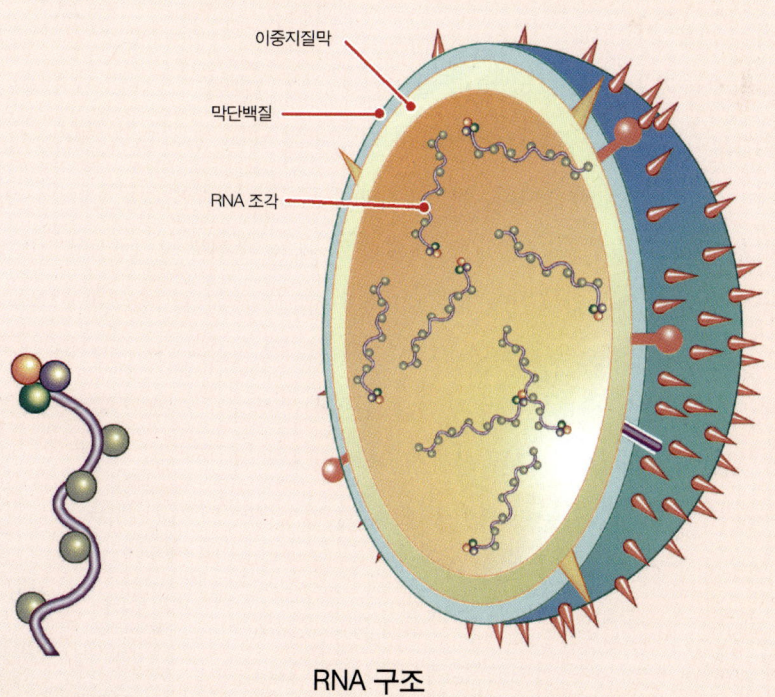

RNA 구조

신의 영역에 대한 도전

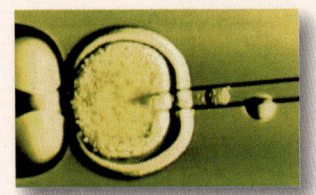

영국 로슬린 연구소의 이안 윌머트 박사와 케이스 캠벨 박사는 성장한 양을 복제시키는 데 성공하여 그 결과를 1997년 2월 27일자 〈네이처〉지에 게재했습니다.

1930년대 독일의 발생학자 스페만이 핵 속에 생명체 형성을 위한 모든 정보가 들어 있다고 주장한 이래 복제에 대한 연구는 꾸준히 진행되어 개구리나 소, 양 등을 복제해 왔습니다. 그러나 윌머트 박사팀의 복제는 발생 초기의 수정란을 나누는 기존의 복제와는 달리 다 자란 양의 체세포를 이용한 것이어서 더욱 충격적이었습니다. 만화에서나 있을 법한 이야기였던 나와 똑같은 사람을 만드는 일이 가능해진 것입니다. 성급한 언론들은 누구를 먼저 복제할 것인지에 대한 인기투표까지 하는 웃지 못할 일까지 생겼답니다. 윌머트 박사는 여섯 살 된 양의 유방에서 얻은 유선 세포를 배양하여 이로부터 핵을 추출한 뒤 미리 핵이 제거된 미수정란에 이식했습니다. 이때 다 자란 세포에서는 수정란 세포를 발생시키는 유전 정보가 발현되지 않으므로 체세포 핵의 세포분열 주기와 핵을 받을 난자의 주기를 맞추는 과정이 중요합니다. 수정란은 대리모 자궁에 이식되어 돌리(Dolly)라는 복제 양으로 태어났습니다. 윌머트 박사의 성공 이후 전 세계적으로 복제 연구가 붐을 이루었으며 우리나라에서도 복제 소가 탄생하였습니다. 또한, 인간의 체세포를 복제하여 여벌의 장기를 만들어 내어 필요할 때 이식하는 연구도 시작되었습니다. 그러나 인간을 대상으로 한 복제 연구는 사회적으로 거센 반발을 낳았으며, 생명 공학 전반에 대한 윤리적인 검토가 시작되었답니다.

생물의 진화나무

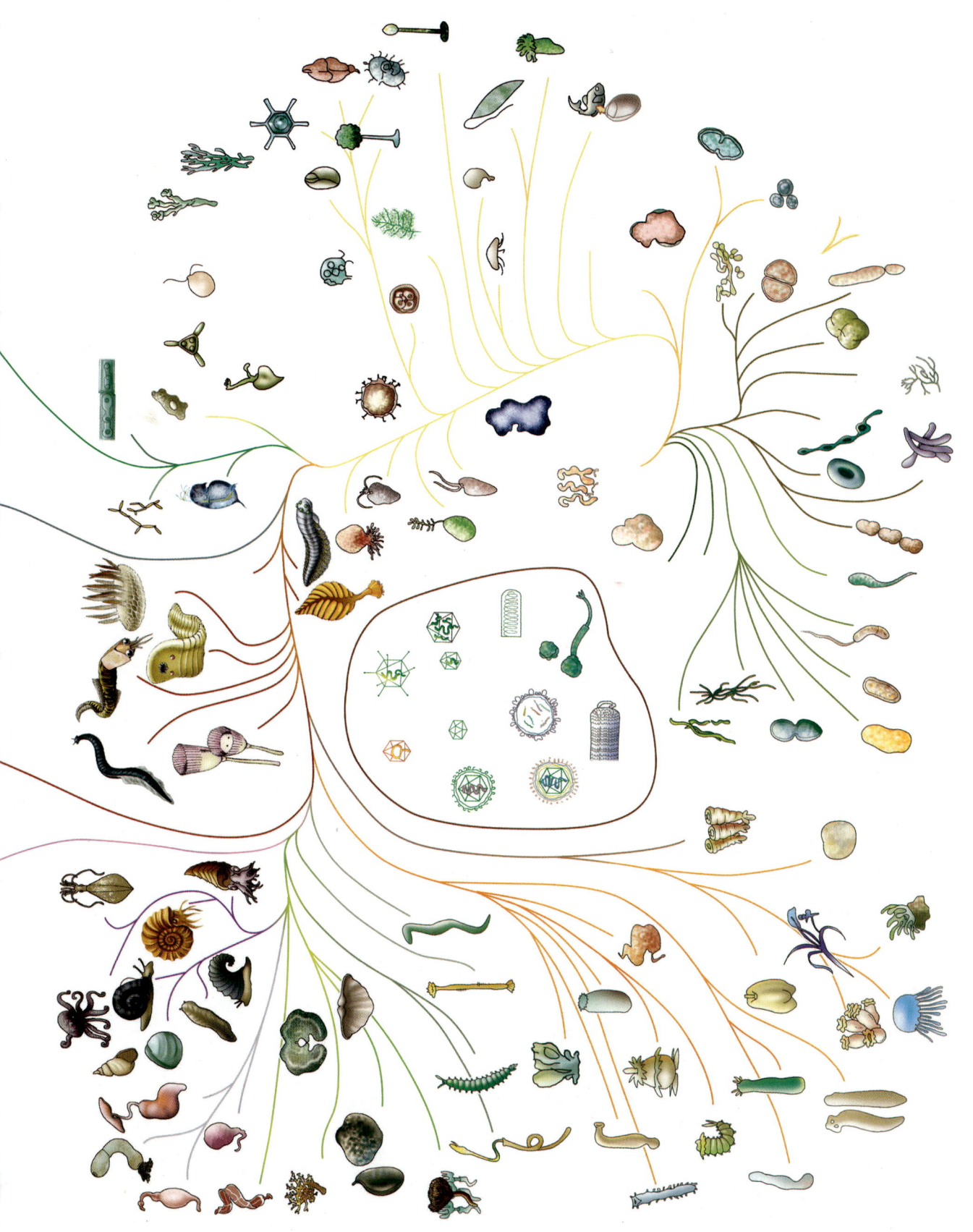